Deutsches Institut für Urbanistik

Erneuerung innerstädtischer Problemgebiete

Ein Drei-Länder-Vergleich:
Bundesrepublik Deutschland, Großbritannien, USA

Teil 3:

Ulla-Kristina Schuleri

Zur Integration ethnischer Minderheiten

Berlin, November 1980

Dipl.-Volksw. **Ulla-Kristina Schuleri**, wissenschaftliche Mitarbeiterin bei der Planungsleitstelle/Senatskanzlei, Berlin.

Projektgruppe:
Dipl.-Soz. **Sigmar Gude**
Dr. phil. **Werner Heinz** (Projektleitung 1. 1.–31. 12. 1979)
Dipl.-Soz. **Peter Rothammer** (Projektleitung 1. 7.–31. 12. 1978)

Organisation:
Isabell Stade

Die Untersuchung wurde in Zusammenarbeit und mit Mitteln des „German Marshall Fund of the United States" durchgeführt.

Verlag und Vertrieb:
Deutsches Institut für Urbanistik
Straße des 17. Juni 110
1000 Berlin 12
Tel.: (030) 39 10 31
Telex: 181320 difu

Abteilung Köln
Lindenallee 11
5000 Köln 51
Tel.: (0221) 37 71 344
Telex: 8882617 dst

Herstellung:
Weinert, Berlin

Alle Rechte vorbehalten

Berlin 1980

ISBN 3-88118-071-0

INHALT

Zusammenfassung   6

Vorwort   7

Kapitel 1: USA   13

1.	Zur Situation ethnischer Minderheiten in den USA	13
1.1	Rechtliche Situation	13
1.2	Arbeitsmarkt und Arbeitslosenquote	15
2.	Schul- und Sprachprogramme	18
2.1	Situationsbeschreibung	18
2.2	Bilinguale Schulprogramme	19
2.3	Sonstige Sprachprogramme	21
2.4	Bewertung	22
3.	Maßnahmen zum Abbau der Arbeitslosigkeit	24
3.1	Vorbemerkung	25
3.2	Berufsvorbereitende Kurse und Anlernprogramme	25
3.3	Bewertung	28
4.	Maßnahmen zur Gewerbeförderung	30
4.1	Verschiedene Programme zur Gewerbeförderung	30
4.2	Bewertung	32
5.	Sozial- und Gemeinwesenarbeit	34
5.1	Vorbemerkung	34
5.2	Allgemeine staatliche Sozialarbeit	34
5.3	Gemeinwesen- und Sozialarbeit durch Selbsthilfeorganisationen	35
5.4	Gemeinwesen- und Sozialarbeit durch die Community Development Corporation Telacu in Ost-Los Angeles	37

5.5	Bewertung	40
6.	Politisches Engagement und Wahlbeteiligung der ethnischen Minderheiten	43
6.1	Situation bei der hispanischen Bevölkerung	43
6.2	Bewertung	43
7.	Wohnungspolitik und Maßnahmen zur Wohnungs- und Wohnumfeldverbesserung in Gebieten mit einem hohen Anteil ethnischer Minderheiten	45
7.1	Vorbemerkung	45
7.2	Projekte der Selbsthilfeorganisationen der ethnischen Minderheiten zur Wohn- und Wohnumfeldverbesserung	46
7.3	Bewertung	47

Kapitel 2: Großbritannien   49

1.	Zur Situation ethnischer Minderheiten in Großbritannien	49
2.	Schul- und Sprachprogramme für die ethnischen Minderheiten	51
2.1	Vorbemerkung	51
2.2	Multikulturelle Erziehung	52
2.3	Bewertung	53
2.4	Sonstige Sprachprogramme	53
2.5	Bewertung	56
3.	Maßnahmen zum Abbau der Arbeitslosigkeit ethnischer Minderheiten	57
3.1	Vorbemerkung	57
3.2	Berufsvorbereitende Kurse und Anlernprogramme	58
3.3	Bewertung	60
4.	Maßnahmen zur Gewerbeförderung	62
4.1	Vorbemerkung	62
4.2	Beispiele für Gewerbeförderungsmaßnahmen	63

4.3	Bewertung	63
5.	Sozial- und Gemeinwesenarbeit	65
5.1	Vorbemerkung	65
5.2	Community Relations Councils	66
5.3	Staatliche Sozial- und Gemeinwesenarbeit	66
5.4	Gemeinwesen- und Sozialarbeit durch Selbsthilfeorganisationen und -gruppen ethnischer Minderheiten	67
5.5	Bewertung	69
6.	Politisches Engagement und Wahlbeteiligung ethnischer Minderheiten	70
6.1	Niedrige Wahlbeteiligung	70
6.2	Wahl eigener Kandidaten und politisches Engagement	70
6.3	Nationale Front und Anti-Nazi-League	71
6.4	Bewertung	71
7.	Wohnungspolitik und Maßnahmen zu Wohnungs- und Wohnumfeldverbesserungen in Städten mit einem hohen Anteil an ethnischen Minderheiten	73
7.1	Vorbemerkung	73
7.2	Allgemeine Wohnungspolitik	74
7.3	Politik der Entballung	75
7.4	Bewertung	77

Kapitel 3: Gesamtbeurteilung   78

Literatur   83

Reiseteilnehmer und besuchte Städte   12

ZUSAMMENFASSUNG

Bibliographische Angaben

Erneuerung innerstädtischer Problemgebiete.
Ein Drei-Länder-Vergleich: Bundesrepublik Deutschland, Großbritannien, USA

Teil 3: Schuleri, Ulla-Kristina
Zur Integration ethnischer Minderheiten

Berlin: Deutsches Institut für Urbanistik (1980), 84 S.
ISBN 3-88118-071-0

Kurzreferat (abstract)

Längere Aufenthaltsdauer, anhaltende Familienzusammenführung und das Heranwachsen der zweiten und dritten Generation führen dazu, daß die Großstädte in der Bundesrepublik Deutschland ihre bisherige Ausländerpolitik überprüfen und neue Maßnahmen, gerade für die Eingliederung der zweiten und dritten Ausländergeneration diskutieren und in Angriff nehmen.

Dabei spielen die Bereiche Erziehung und Bildung, Ausbildung und Arbeitsplatz, aber auch Erhaltung der kulturellen Identität und verstärkte gesellschaftliche und politische Beteiligung der ausländischen Bevölkerungsgruppen eine große Rolle. Erfahrungen aus anderen Ländern, in denen schon lange ausländische Bevölkerungsgruppen leben und auch immer wieder neue Gruppen hinzukommen, werden dabei bisher nur begrenzt mit herangezogen.

Gegenstand des vorliegenden Berichtes sind deshalb amerikanische und britische Maßnahmen und Programme zur Integration der dort lebenden ethnischen Minderheiten, die zwar in den beiden Ländern einen rechtlich besseren Status haben, trotzdem aber weitgehend die gleichen Integrationsschwierigkeiten aufweisen.

Im Mittelpunkt der Darstellung stehen Maßnahmen, die von den ethnischen Minderheiten selbst mitgetragen werden und sich meist auf alle Lebensbereiche beziehen. Dabei werden die Entstehung, Organisation, Programme und Finanzierung dieser Selbsthilfeorganisationen aufgezeigt und die Situation der ethnischen Minderheiten kurz skizziert.

Deskriptoren

Situation der ethnischen Minderheiten in den USA und Großbritannien; Maßnahmen in diesen Ländern für ethnische Minderheiten: bilinguale Schulprogramme, Sprachprogramme, berufsvorbereitende Maßnahmen und Anlernkurse, Gewerbeförderung, staatliche Sozialarbeit und Selbsthilfeeinrichtungen der ethnischen Minderheiten, politisches Engagement und Wahlbeteiligung, Maßnahmen der Wohnungs- und Wohnumfeldverbesserung in Gebieten mit einem hohen Anteil ethnischer Minderheiten.

VORWORT

Der vorliegende Bericht ist Teil eines amerikanisch-britisch-deutschen Gemeinschaftsprojekts (Trinational Cities Project), dessen Ursprünge auf die HABITAT Konferenz 1976 in Vancouver zurückgehen und das vom German Marshall Fund of the United States finanziert wurde.

Projektgegenstand waren innerstädtische Altbauquartiere, in diesen Gebieten auftretende Probleme und verschiedene, in den beteiligten Nationen entwickelte Strategien zur Lösung dieser Probleme. Für Projektdurchführung und Projektorganisation waren die folgenden Institutionen verantwortlich: das Deutsche Institut für Urbanistik in Berlin, die Universität Reading in England und die Academy for Contemporary Problems in den USA.

Ziel des "Trinational Cities Project" war es, einen wechselseitigen Ideentransfer zwischen den beteiligten Nationen zu ermöglichen und damit innovative Problemlösungsansätze in den einzelnen Ländern zu unterstützen, zu beschleunigen oder auch zu initiieren.

Das auf eine Laufzeit von 18 Monaten begrenzte Projekt (Juli 1978 - Dezember 1979) war in vier Arbeitsphasen untergliedert:

Phase 1: In den ersten vier Monaten wurden von den in den beteiligten Forschungsinstituten eingerichteten Projektteams landesspezifische "Stadtentwicklungsberichte" erstellt. Gegenstand dieser Berichte war neben einer kritischen Beschreibung von Entwicklung und Situation innerstädtischer Randbereiche eine Synopse der wesentlichen, in den einzelnen Ländern vorhandenen und auf die Lösung spezifischer Probleme in diesen Bereichen abzielenden Maßnahmen und Programme. Auf der Grundlage dieser nationalen Berichte wurden von den drei Projektteams relevante und im Hinblick auf potentielle

Lösungsstrategien in den jeweiligen Partnerländern untersuchenswerte Problemfelder (sog. transfer topics) aufgelistet. Diese Problemfelder wurden darauf von kleineren Expertengruppen, sog. nationalen Steuerungskomitees einer kritischen Revision unterzogen und um eigene Vorschläge ergänzt und erweitert. Mitglieder des nationalen Steuerungskomitees waren auf deutscher Seite:

Stadtbaurat Hanns Adrian, Hannover
Oberbürgermeister Günther Bantzer, Kiel
Ministerialdirektor Dr. Otto-Erich Geske, Bonn
Professor Dr. Helmut Klages, Speyer
Beigeordneter Hans-Georg Lange, Köln
Professor Dr. Rainer Mackensen, Berlin
Ministerialdirigent Dr. Hans Pflaumer, Bonn
Ministerialdirektor Hans-Ulrich Pfeiffer, Bonn
Oberbürgermeister Manfred Rommel, Stuttgart (Vorsitzender des nationalen Steuerungskomitees).

Phase 2: Da die Projektkonzeption für jedes Land nur drei Untersuchungsfelder vorsah, mußten aus den Problemlisten der drei beteiligten Nationen die drei jeweils wichtigsten Bereiche ausgewählt werden. Auswahlkriterien waren dabei die Relevanz der Problemfelder für das jeweilige Land und das Vorhandensein interessanter Lösungsansätze in den beiden anderen Ländern. Vorgenommen wurde diese Auswahl durch ein internationales Steuerungskomitee, dem je drei Mitglieder der einzelnen nationalen Steuerungskomitees angehörten. Ergebnis dieses, in Form eines wechselseitigen Tauschverfahrens ablaufenden Auswahlprozesses waren die folgenden Transfer-Topics:

Für die Bundesrepublik: Integration ausländischer Bevölkerungsgruppen (Gastarbeiterproblematik), Wohn- und Wohnumfeldverbesserung in innerstädtischen Altbauquartieren unter Beteiligung der dortigen Bewohner (Selbsthilfeaspekt), Auswirkungen nicht zweckgebundener Zuschüsse der Bundes- oder

Zentralregierung auf die Erneuerung innerstädtischer Altbaugebiete.

Für Großbritannien: Programme und Maßnahmen zur Stimulierung wirtschaftlicher Aktivitäten in innerstädtischen Bereichen, Selbsthilfemaßnahmen im Bereich der sozialen Infrastruktur und bei der Schaffung von Arbeitsplätzen, Instrumente zur Instandhaltung und Erneuerung älterer Wohnungsbestände.

Für die USA: Finanzielle und rechtliche Beziehungen bzw. Kompetenzverteilung zwischen Bundesländern und Gemeinden, Maßnahmen der kommunalen Wirtschaftsförderung, städtebauliche Maßnahmen und kulturelle Programme zur Attraktivitätssteigerung innerstädtischer Bereiche (livable cities).

Phase 3: Die mit 9 Monaten längste Phase des Projekts war für den im Zentrum des Projekts stehenden und mit Hilfe sog. Transfer-Teams durchzuführenden internationalen Erfahrungsaustausch vorgesehen.

Wesentliche Arbeitsschritte dieser Projektphase waren:

- die Auswahl der einzelnen, jeweils für ein Untersuchungsfeld zuständigen Transfer-Teams.

  Laut Projektkonzeption sollten sich die Mitglieder dieser Teams aus dem nichtuniversitären Bereich rekrutieren und "aufgrund ihrer beruflichen Position in der Lage sein, die in den anderen Ländern untersuchten Problemlösungsstrategien in die kommunale Planungspraxis des von ihnen vertretenen Landes einfließen zu lassen."
  Jedem Team gehörte zusätzlich ein Mitarbeiter des jeweiligen, für die wissenschaftliche Begleitung des Projekts zuständigen nationalen Projektteams an,

- die Präzisierung der einzelnen Transfer-Topics und der daran geknüpften Fragestellungen,

- die Auswahl relevanter Beispielfälle zur Abdeckung der ausländischen Fragestellungen,

- die Organisation von Besuchs- und Gesprächsterminen in den für einzelne Beispielfälle zuständigen Städten,
- die Bereitstellung thematisch relevanter Informationsmaterialien zur inhaltlichen Vorbereitung der einzelnen Transfer-Teams,
- die Durchführung der Transfer-Reisen, die die einzelnen Transfer-Teams für je eine Woche in die beiden jeweiligen Partnerländer führten.

Gegenstand dieser Reisen war nicht der Vergleich unterschiedlicher Systeme und Systembedingungen, sondern der wechselseitige Austausch innovativer Ideen und praktikabler, thematisch relevanter Problemlösungsansätze.

Überaus dichte und stringent aufgebaute Reiseprogramme sorgten in Verbindung mit einer fundierten inhaltlichen Vorbereitung der Reisen in der Mehrzahl der Fälle dafür, daß die Reiseergebnisse trotz der überaus knapp bemessenen Zeit von den daran Beteiligten als positiv und für ihre eigene Arbeit als förderlich bezeichnet wurden.

Phase 4: Die letzten drei Monate des Projekts dienten der Aufarbeitung und schriftlichen Fixierung der Erfahrungen der Transfer-Reisen und der abschließenden, von den drei nationalen Projektleitern vorgenommenen Evaluierung des Projekts und seines Verlaufs.

Die Fülle vorliegender Materialien und Informationen und das Interesse an einer möglichst breiten Streuung der Projektergebnisse ließen es geraten erscheinen, die vorläufigen Berichte der drei bundesdeutschen Transfer-Teams von den jeweils zuständigen Mitgliedern des Difu-Projektteams überarbeiten, präzisieren und zum Teil ergänzen zu lassen. Zusammen mit den in der ersten Projektphase erstellten nationalen "Stadtentwicklungsberichten" liegen diese erweiterten Transfer-Berichte nun zur Veröffentlichung vor. Inhaltlich geben sie die Meinung ihrer Autoren und nicht notwendigerweise die des Deutschen Instituts für Urbanistik oder anderer Projektbeteiligter wieder.

Berlin, August 1980   Werner Heinz
                                                      Projektleiter

Reiseteilnehmer

Bernd Gröttrup, wissenschaftlicher Mitarbeiter beim Deutschen Städtetag, Köln;

Dipl.-Soz. Peter Rothammer, bis Sommer 1980 wissenschaftlicher Mitarbeiter beim Deutschen Institut für Urbanistik, Berlin;

Saliha Scheinhard, wissenschaftliche Mitarbeiterin in der Forschungsgruppe "alfa" an der Pädagogischen Hochschule Neuss;

Dipl.-Volksw. Ulla-Kristina Schuleri, wissenschaftliche Mitarbeiterin bei der Planungsleitstelle/Senatskanzlei Berlin.

Besucht wurden folgende Städte

1. USA

Cleveland, Ohio
Los Angeles, Californien

2. Großbritannien

London
Leicester
Birmingham

KAPITEL 1

USA

1. ZUR SITUATION ETHNISCHER MINDERHEITEN IN DEN USA

1.1 Rechtliche Situation

Obwohl sich bei den ethnischen Minderheiten in den USA und der Bundesrepublik Deutschland ein ähnliches Bild für den Betrachter ergibt - sie leben eng aufeinander in heruntergekommenen Vierteln der Innenstädte in Wohnungen mit schlechter Ausstattung, leiden unter einem weitgehenden Mangel an Infrastruktur, besonders auf sozialem Gebiet -, zeigt sich bei näherer Beschäftigung mit den ethnischen Minderheiten in den USA und den "Gastarbeitern" in der Bundesrepublik Deutschland eine erhebliche Besserstellung der traditionellen ethnischen Minderheiten in den USA. Sie sind - Illegale ausgenommen - rechtlich viel besser gestellt als entsprechende Gruppen in der Bundesrepublik. Sie besitzen die Staatsbürgerschaft (citizenship), haben aktives und passives Wahlrecht und können alle staatlichen Fürsorgemaßnahmen in Anspruch nehmen. Das ergibt sich daraus, daß sich die USA als Einwanderungsland verstehen und auch jetzt noch eine kontrollierte Einwanderung betreiben. Die Bundesrepublik hingegen versteht sich nicht als Einwanderungsland[1], auch wenn sie es faktisch für einzelne Bevölkerungsgruppen aus den Anwerbeländern geworden ist[2]. Deshalb besitzen die ausländischen Arbeitnehmer und ihre Familienangehörigen im Normalfall eine zeitlich begrenzte Aufenthalts- und Arbeitserlaubnis, die beide voneinander abhängen. Das hat oder kann zur Folge haben, daß ein arbeitslos gewordener Ausländer

---

[1] Vgl. dazu auch das Programm der Bundesregierung zur Weiterentwicklung der Ausländerkonzeption vom 19. März 1980.
[2] Vgl. LEITLINIEN UND NEUE MASSNAHMEN ZUR AUSLÄNDERINTEGRATION IN BERLIN, hrsg. vom Regierenden Bürgermeister von Berlin, Berlin 1979, S. 9.

in sein Heimatland zurückkehren muß, wenn er zu lange arbeitslos ist und seine zeitlich begrenzte Aufenthalts- und Arbeitserlaubnis erlischt bzw. nicht verlängert wird. Die Ergebnisse der Bund-Länder-Kommission zur Ausländerbeschäftigungspolitik, die 1977 vorgelegt und auch beschlossen wurden, ermöglichen zwar eine schrittweise Verfestigung des Aufenthaltsrechts. An diese Verfestigung sind neben einem Mindestaufenthalt aber auch einschränkende Auflagen geknüpft wie Nachweis ausreichender Sprachkenntnisse, Schulbesuch der Kinder und ausreichende Wohnversorgung; Auflagen, die insbesondere aufgrund der Wohnraumsituation nicht immer erfüllt werden können.

Ein weiteres Steuerungsinstrument gegen einen unkontrollierten Zugang, besonders auch zum Arbeitsmarkt, ist der am 30.11.1973 verfügte bundesweite Anwerbestopp. Von diesem Zeitpunkt an können nur noch Ehegatten und Kinder nachreisen. Sie erhalten dann auch nicht sofort eine Arbeitserlaubnis, sondern müssen sich erst einige Jahre ununterbrochen in Deutschland aufhalten und/oder bestimmte Fördermaßnahmen durchlaufen[3].

Zwar haben auch die USA den Versuch unternommen, den Zustrom von ethnischen Minderheiten einzuschränken, dies ist aber kaum möglich, da einerseits die Grenze nach Mexiko fast nicht kontrollierbar ist, andererseits die Problemgruppe der spanisch sprechenden Bevölkerung (Puertoricaner, Mexikaner) ohnehin die US-Staatsangehörigkeit besitzt.

---

3 Am 1.4.1979 wurde die bis dahin geltende Stichtagsregelung durch eine Wartezeitregelung für nachziehende Familienangehörige ersetzt. Bei der Stichtagsregelung hatten Ehegatten, die nach dem 30.11.1974, und Kinder ausländischer Arbeitnehmer, die nach dem 31.12.1976 ins Bundesgebiet eingereist waren, im Grundsatz keinen Arbeitsmarktzugang. Bei der Wartezeitregelung wird für nachgereiste Ehegatten die Arbeitserlaubnis für eine erstmalige Beschäftigung nach einer Wartezeit von 4, bei Arbeitskräftemangel von 3 Jahren erteilt. Kindern und Jugendlichen, die vor Vollendung des 18. Lebensjahres nachgereist sind, wird die Arbeitserlaubnis für eine erstmalige Beschäftigung erteilt, wenn sie sich zwei Jahre im Bundesgebiet aufgehalten haben. Diese Wartezeit kann verkürzt werden, wenn die Jugendlichen an berufsorientierenden Maßnahmen regelmäßig teilnehmen. Seit Mitte 1980 hat ein ausländischer Jugenlicher, der eine berufsvorbereitende Maßnahme abgeschlossen hat, einen Anspruch auf eine Arbeitserlaubnis.

1.2 Arbeitsmarkt und Arbeitslosenquote

Trotz des Anwerbestopps steigt die Zahl der Angehörigen ausländischer Bevölkerungsgruppen in der Bundesrepublik stetig. Zur Zeit leben ca. 2 Mio. ausländische Arbeitnehmer in Deutschland; rechnet man die Familienangehörigen dazu, so sind es 4 Mio.[4].

Dabei nehmen vor allem Zahl und Anteil der ausländischen Kinder und Jugendlichen weiterhin kontinuierlich zu, zum einem durch die höhere Geburtenhäufigkeit der ausländischen Bevölkerungsgruppen, zum anderen durch das weitere Nachziehen von Geschwisterkindern aus den Anwerbeländern.

Als Folge davon wächst auch die Zahl der jugendlichen Ausländer, die keinen Ausbildungs- oder Arbeitsplatz erhalten und teilweise sehr lange arbeitslos bleiben. Das liegt sowohl an schlechten Sprachkenntnissen[5] und mangelnder Schulausbildung[6] als auch am Vorrang der Deutschen bei der Arbeitsplatzvermittlung[7].

Dieses Problem der Arbeitlosigkeit zeigt sich in den USA schon seit geraumer Zeit, allerdings in viel größerem Maße als bei uns, bedingt durch die längerwährende und nur teilweise kontrollierbare Einwanderung in die USA. In den USA gehören die schwarzen und spanisch sprechenden Minderheiten zu den besonders benachteiligten Gruppen, wobei die Schwarzen aufgrund ihrer Hautfarbe doppelt benachteiligt sind. Viele dieser Menschen üben - nicht zuletzt aufgrund der Sprachprobleme - nur ungelernte Tätigkeiten aus. Dem entspricht eine Arbeitslosenquote, die höher liegt als bei den eingesessenen weißen Bevölkerungsgruppen. Da es in den USA

---

4 Vgl. DIW-Wochenbericht, Nr. 30 (1980), S. 313.
5 Ergebnis einer Befragung der Berliner Unternehmen, durchgeführt vom Landesausschuß für berufliche Bildung im Frühjahr 1979.
6 Die Rate der ausländischen Jungendlichen, die ohne Hauptschulabschluß die Schule verlassen, liegt je nach Bundesland zwischen 50 und 70 %.
7 Arbeitsförderungsgesetz § 19.

keine unserer Anmelde- und Registrierpflicht vergleichbare
Erfassung gibt und somit nur beschränkt aussagefähiges statistisches Material zur Verfügung steht, können im folgenden
nur beispielhaft einige Daten angegeben werden, um die Unterschiede zwischen der "normalen" (weißen) Bevölkerung
und den ethnischen Minderheiten aufzuzeigen.

Vergleicht man die Arbeitslosenrate der weißen und schwarzen
Bevölkerung von Cleveland miteinander, so ergibt sich, daß
die der Nichtweißen doppelt so hoch liegt:

Arbeitslosenrate[8]:

Weiße Bevölkerung   11 %

davon
männlich   10 %   weiblich   14 %

Nichtweiße Bevölkerung 23 %

davon
männlich   19 %   weiblich   28 %

Das Bild verschlechtert sich noch weiter bei den Jugendlichen:

		männlich	weiblich
Weiße	16-19 Jahre	32 %	33 %
	20-24 Jahre	17 %	10 %
Nichtweiße	16-19 Jahre	49 %	69 %
	20-24 Jahre	27 %	30 %

Die Arbeitslosenrate der schwarzen bzw. nichtweißen Bevölkerung ist heute höher als in der Depression von 1930. Ein
ähnliches Bild wie bei der schwarzen zeichnet sich bei der
hispanischen Bevölkerung in Cleveland und schärfer noch in
Los Angeles ab[9].

---

8 Quelle: CLEVELAND PROFILE, hrsg. vom Greater Cleveland Interchurch
  Council, Cleveland 1978.
9 DEPARTMENT OF EMPLOYMENT GAZETTE, März 1979.

Es wird erwartet, daß in den USA die hispanische Bevölkerung die der schwarzen bis Mitte der 80er Jahre übertreffen wird[10].

Die Eingliederung der hispanischen Bevölkerung, deren Zahl amtlichen Schätzungen in den USA zufolge mit mehr als 12 Mio. angegeben wird[11] und von denen im März 1978 7,2 Mio. mexikanischen, 1,8 Mio. puertorikanischen, 700.000 kubanischen, 900.000 zentral- oder südamerikansichen Ursprungs sind, während etwas mehr als 1,5 Mio. aus anderen spanisch sprechenden Ländern stammen[12], läßt sich weitestgehend mit der der ausländischen Bevölkerungsgruppen aus den Hauptanwerbeländern der Bundesrepublik vergleichen, am meisten mit der türkischen Bevölkerung. Beide Gruppen verlassen ihr Land, da sie dort keine oder nur ungenügend Arbeit finden und ihre Familien kaum ernähren können. Sie kommen überwiegend aus ländlichen Gegenden, in denen es keine Industrien gibt und in denen die Schulversorgung sehr schlecht ist. Deshalb ist ihr Bildungs- und Ausbildungsstand sehr niedrig; sie schaffen es kaum, auch nach mehreren Jahren im anderen Land, bessere Positionen am Arbeitsplatz zu erhalten. Und ihren Kindern droht ein ähnliches Schicksal, wenn es nicht gelingt, sie in die Gesellschaft einzugliedern und ihre Aufstiegschancen zu verbessern.

---

10 NATIONAL JOURNAL, Vol. 11 (1979), Nr. 14, S. 548.
11 Ebenda, S. 549.
12 Ebenda.

2. SCHUL- UND SPRACHPROGRAMME

2.1 Situationsbeschreibung

Da ethnische Minderheiten schon lange in den USA leben und immer wieder neue Gruppen - vor allem aus den spanisch sprechenden Ländern wie Mexico, Puerto-Rico und der Karibik - dazukommen, war es für das deutsche Transferteam besonders interessant zu erfahren, welche Schul- und Sprachprogramme für die verschiedenen ethnischen Minderheiten angeboten werden.

Im Prinzip werden Kinder und Jugendliche ethnischer Minderheiten in die gleichen Schulen geschickt und erhalten die gleiche Ausbildung wie alle Kinder und Jugendliche in den USA. Muttersprachlicher Unterricht wird in der Regel nicht von der Schule angeboten[1], sondern auf freiwilliger Basis in der Freizeit von den einzelnen Kirchengemeinden in den Sonntagsschulen[2]. Darüber hinaus haben sich auch Elterninitiativen gebildet, die Lehrer für den muttersprachlichen Unterricht finanzieren.

Diese Situation ist vergleichbar mit dem Angebot muttersprachlichen Unterrichts außerhalb der Schule für die ausländischen Kinder und Jugendlichen in den meisten Ländern der Bundesrepublik. Auch hier ist die Teilnahme freigestellt. Der Unterricht wird allerdings von den Konsulaten bzw. Militärmissionen der ausländischen Bevölkerungsgruppen durchgeführt und in den meisten Bundesländern von diesen

---

[1] Lange Jahre war es sogar illegal, eine andere Sprache als die englische zu benutzen und in den öffentlichen Schulen zu lehren (THE NATION MARCH, Nr. 17 (1979), S. 263).
[2] Heute gibt es 18 Nationalitäten in Cleveland, die ihren eigenen muttersprachlichen Unterricht haben, vgl. JOHN MOORE, Bericht aus amerikanischer Sicht: TRIP REPORT: Cleveland, Los Angeles, Lynwood, in: Trinational Cities Project. Berichte über die Transfer-Reise zum Thema "Integration ethnischer Minderheiten in Städten der USA (Cleveland, Los Angeles, Lynwood) und Großbritanniens (London, Leicester, Birmingham), Berlin 1979, Anhang 1, S. 4 (Deutsches Institut für Urbanistik) (unveröffentlicht).

finanziell mitgetragen³. In diesem Konsularunterricht, der von vom Konsulat ausgesuchten Lehrern durchgeführt wird und eine Stundenzahl von 5 Wochenstunden nicht überschreiten darf, wird neben der Muttersprache auch Landeskunde unterrichtet.

2.2 Bilinguale Schulprogramme

Ausgehend von der sogenannten Chicano-Rebellion Mitte der 60er Jahre und zum Teil auch angeregt durch die Bürgerrechtsbewegung, begannen die öffentlichen Schulen im Südwesten der USA bilinguale Programme mit Hilfe von Bundesmitteln einzurichten. 1968 erließ der Kongreß sogar ein Gesetz für bilinguale Erziehung in der Elementary und Secondary School und sicherte es finanziell ab.

Da Spanisch neben Englisch die meistgesprochene Sprache in den USA ist - es gibt dort mehr als 12 Mio. spanisch sprechende Menschen gegenüber ca. 10 Mio., die ebenfalls eine andere Muttersprache als Englisch haben, richtete sich dieses Programm hauptsächlich an die hispanischen Bevölkerungsgruppen[4].

Die Forderung nach bilingualem Unterricht basiert auf zwei Überlegungen: zum einen ging es darum, die Schulerfolge der nicht englischsprechenden Schüler zu verbessern, dadurch ihre Motivation zum Schulbesuch zu steigern und ihnen den Eintritt in das Erwerbsleben zu erleichtern. Zum anderen stand die Forderung nach der Erhaltung der eigenen kulturellen Identität im Vordergrund.

Die Förderungsprogramme[5] sollten im wesentlichen dazu dienen,

---

[3] Vgl. hierzu DIE ZWEITE AUSLÄNDERGENERATION, Teil II, Köln 1980, S. 67 (DST-Beiträge zur Bildungspolitik, H. 12) und BERICHT ZUR LAGE DER AUSLÄNDER IN BERLIN, hrsg. vom Regierenden Bürgermeister von Berlin, Berlin 1978, S. 24.
[4] GAIL MILLER, Bilingual Education, in: American Teacher, März 1979.
[5] Innerhalb der Förderprogramme wurden verschiedene Programme und Methoden für bilingualen Unterricht entwickelt, die hier aber nicht näher erläutert werden können.

die nicht oder nur schlecht englischsprechenden Schüler über die eigene Muttersprache hinaus die englische Sprache zu lehren und ihnen die Möglichkeit zu geben, auch in anderen Fächern, die zu Anfang in der Muttersprache vermittelt werden, Lernerfolge zu erzielen[6].

Inzwischen liegen erste Untersuchungsergebnisse über die vom Bund finanzierten bilingualen Programme vor. Die Untersuchung führte das amerikanische Institute of Research (AIR) im Auftrag des Amtes für bilinguale Erziehung durch. Untersucht wurden 38 Programme im Schuljahr 1975/76, die seit 4 oder 5 Jahren unterstützt wurden und 11.500 Schüler der Klassen 2 bis 6 in 150 Schulen erfaßten. Ein Vergleich mit Kontrollgruppen der gleichen Klassenstufen, die aber nicht durch Bundesmittel gefördert wurden, gab Auskunft über die jeweiligen Schulerfolge.

Aus dieser Untersuchung ergaben sich folgende Erkenntnisse[7]:
Fast 75 % der Schüler in den spanisch-englischen Klassen waren zwar spanischer Herkunft. Aber nicht einmal 30 % dieser Schüler waren dort wegen ihrer begrenzten Englischkenntnisse. Im Gegenteil: ungefähr 60 % der 2.- und 3.-Klässler und 75 % der 4.- und 5.-Klässler wurden von ihren Lehrern als nur Englisch oder überwiegend Englisch sprechend mit Kenntnissen der spanischen Sprache eingeschätzt.

Nur auf dem Gebiet der mathematischen Fächer erzielten die Schüler in bilingualen Programmen bessere Testergebnisse als die Vergleichsgruppen[8]. Im Durchschnitt stieg die Leistung im Englischen bei den geförderten Klassen innerhalb des Schuljahres nicht an. Auch wenn die Schüler die engli-

---

6 Von den rd. 5 Mio. nicht englischsprechenden Kindern sind allerdings nur ungefähr 2 % in den bilingualen Programmen erfaßt, vgl. MOORE, S. 17.
7 MILLER.
8 Grundkenntnisse in Mathematik und anderen technischen Fächern werden zu Anfang in der Muttersprache vermittelt, vgl. MOORE, S. 17.

sche Sprache so weit beherrschten, daß sie in die "normalen" Klassen hätten überwechseln können, blieben sie in den Förderprogrammen. Ein Wechsel erfolgte nur bei ungefähr 5 %.

Die Studie untersuchte auch die Ausbildung und Voraussetzungen, die die Lehrer in den Förderprogrammen mitbrachten:

80 % der Lehrer hatten eine normale oder auch bilinguale Lehrbefähigung, 30 % sogar den Abschluß "master degree".

Zwei Drittel verfügten über eine mehr als zweijährige Lehrerfahrung im bilingualen Unterricht, der gleiche Prozentsatz sprach sowohl Englisch als auch Spanisch zu Hause.

Insgesamt kommt die Untersuchung zu dem Ergebnis, daß die gegenwärtigen Programme, bei denen pro Kind im Jahr von 158 bis zu 1.200 Dollar ausgegeben werden, nicht wirklich geeignet sind, Schüler spanischen Ursprungs besser zu fördern.

Die amerikanische Lehrervereinigung fordert deshalb eine gezielte bilinguale Erziehung für die Kinder, die nicht Englisch sprechen und schreiben können. Darüber hinaus sollten jedes Jahr die Schüler in den bilingualen Programmen getestet und bei ausreichenen Englischkenntnissen in die regulären Klassen überwiesen werden.

2.3 Sonstige Sprachprogramme

Neben den bilingualen Schulprogrammen gibt es in den USA noch eine Vielzahl von Sprachprogrammen, die auch die Jugendlichen und Erwachsenen erfassen. Sie sollen den ethnischen Minderheiten vor allem die Möglichkeit eröffnen, einen Arbeitsplatz zu finden und im Erwerbsleben zurechtzukommen[11].

---

11 Vgl. hierzu auch Kap. 1 Nr. 3.

So vermittelt z.B. die spanische Gemeinde in Cleveland in einer Art von Berufsschulunterricht - vergleichbar mit berufsvorbereitenden Kursen in der Bundesrepublik - die für die Arbeitsaufnahme notwendigen Englischkenntnisse (Dauer 4 Monate).

Sprachkurse, die sich speziell auf die Berufstätigkeit beziehen und nur einen begrenzten Wortschatz umfassen, werden von einigen Firmen, wie der TRW-Cooperation in Cleveland und der Lockheed-Gesellschaft in Lynwood den un- und angelernten Arbeitern angeboten.

Ähnliche Sprachprogramme wurden in den 70er Jahren in der Bundesrepublik den ausländischen Arbeitnehmern angeboten und von ihnen auch weitgehend genutzt. Sie vermittelten allerdings ebenfalls überwiegend auf den Arbeitsplatz ausgerichtete Sprachkenntnisse und erfaßten nur die arbeitende Bevölkerung.

Darüber hinaus wird auf Initiative des Bundesministers für Arbeit und Sozialordnung gegenwärtig ein Angebot an 3- bis 4-monatigen Intensivsprachkursen für die Problemgruppen der später nachgereisten ausländischen Jugendlichen ("Zusteiger") aufgebaut. Insbesondere diese Jugendlichen, die über keine oder fast keine Deutschkenntnisse verfügen, sollen auf diesem Weg die ersten Sprachkenntnisse erwerben können[12].

2.4 Bewertung

Der deutsche Bundestag hat 1968 aufgrund eines 1960 getroffenen UNESCO-Übereinkommens gegen Diskriminierung im Unterricht das besondere Bildungsrecht der Kinder fremder Minderheiten gesetzlich festgelegt[13].

---

12 Vgl. WEITERENTWICKLUNG DER AUSLÄNDERPOLITIK, S. 10.
13 BGBl. II, S. 385 ff.

Da die einzelnen Bundesländer aber eine eigene Kulturhoheit
besitzen, gibt es fast alle denkbaren Formen der Schulbildung für Kinder ethnischer Minderheiten - von Vorbereitungsklassen bis hin zu bilingualem Unterricht, von gemischten
Integrationsklassen bis hin zu reinen Nationalklassen. Dabei wird von allen Ländern als Ziel insgesamt angegeben,
die Bildungschancen dieser Kinder gleichberechtigt, möglichst
erfolgreich und unter Wahrung ihrer kulturellen Identität
zu gestalten[14].

Eine Auswertung bzw. Bewertung der einzelnen Schulversuche
bzw. Formen der Schulbildung in den einzelnen Ländern liegt
bisher nicht vor.

Betrachtet man die vom amerikanischen Research-Institut
erstellte Auswertung des bilingualen Unterrichts, die kaum
Erfolge aufzeigen kann, so sollte daraus abgeleitet werden,
daß es zwar auch darum geht, durch das Schulangebot die kulturelle Identität der ethnischen Minderheiten nicht zu zerstören, daß aber der möglichst schnellen Sprachvermittlung
ein sehr hoher Stellenwert zukommt, da davon der Schulabschluß, der Besuch weiterführender Schulen und Universitäten
und vor allem der Start ins Berufsleben abhängt. Außerdem
steht dem Integrationsgedanken, wie er von der Bundesregierung[15] und den meisten Bundesländern verfolgt wird, die bei
bilingualem Unterricht notwendige Einrichtung von Nationalklassen entgegen.

Verfolgt man konsequent den Integrationsgedanken, so kann
die Schule nur eine multikulturelle Erziehung anbieten, um
allen Schülern und ihren kulturellen Identitäten gerecht
zu werden.

---

14 HARALD KÄSTNER, Unterricht für ausländische Kinder und Jugendliche
in der Bundesrepublik Deutschland, in: Zeitschrift für Kulturaustausch, H. 3 (1977), S. 27-35.
15 WEITERENTWICKLUNG DER AUSLÄNDERPOLITIK. Beschlüsse der Bundesregierung vom 19. März 1980, Bonn 1980, S. 2: "Dabei geht es vor allem um
die volle Integration der Ausländerkinder in die deutschen ...
Schulen ..."; S. 3: "Vor allem im Rahmen der Bildungspolitik ist deshalb darauf zu achten, daß ein Bezug der ausländischen Kinder und
Jugendlichen zum Kulturkreis ihrer Familien gewahrt bleibt".

3. MASSNAHMEN ZUM ABBAU DER ARBEITSLOSIGKEIT

3.1 Vorbemerkung

Wie schon in den einleitenden Bemerkungen zur Situation ethnischer Minderheiten in den USA dargestellt, stehen die Bekämpfung der Arbeitslosigkeit ethnischer Minderheiten, besonders der Jugendlichen, und Gewerbeförderung zugunsten der ethnischen Minoritäten in den USA unter ganz anderen Voraussetzungen.

Trotzdem befinden sich hier die ethnischen Minderheiten - besonders die spanischsprechenden Bevölkerungsgruppen - in einer ähnlichen Ausgangslage wie entsprechende Gastarbeitergruppen in der Bundesrepublik Deutschland.

Sie ist gekennzeichnet durch einen niedrigen Bildungsstand, Sprachschwierigkeiten und eine z.T. andere religiöse und kulturelle Identität.

Es gibt Schätzungen, daß 80 bis 90 % der puertorikanischen Jugendlichen die High School ohne Abschluß verlassen[1]. Selbst wenn dieser Prozentsatz für die Schwarzen in den USA niedriger liegt, sind die Probleme der Jugendarbeitslosigkeit in allen Minderheiten nahezu identisch.

Die Maßnahmen, die jugendlichen Arbeitslosen helfen sollen, einen Beschäftigungs- oder Arbeitsplatz zu erhalten, ähneln sich in den USA und der Bundesrepublik. Doch muß auf einen wichtigen Unterschied hingewiesen werden, der für alle Arten von Hilfsprogrammen für ethnische Minderheiten gilt: während in der Bundesrepublik Deutschland fast alle Maßnahmen von staatlichen Stellen initiiert, durchgeführt und bezahlt werden, spielt in den USA die Eigeninitiative der je-

---

[1] National Journal Vol. 11 (1975) Nr. 14, S. 549.

weiligen Gemeinden (communities) eine weit größere Rolle als
bei uns. Viele Programme, auch zur Bekämpfung der Arbeitslosigkeit und zur Gewerbeförderung ethnischer Minderheiten, basieren auf solchen Eigeninitiativen, die z.T. zuerst ohne
fremde Finanzierung in Gang gesetzt wurden und erst nach
erfolgreichem Start aus "Fremdmitteln", wie z.B. staatlichen
Mitteln, finanziert werden. In den USA spielen darüber hinaus private Stiftungen bei der Unterstützung der Gemeinschaften und der Finanzierung von Selbsthilfegruppen eine
große Rolle. Sie geben oft schon Mittel, bevor eine staatliche Finanzierung einsetzt.

3.2 Berufsvorbereitende Kurse und Anlernprogramme

Bei der Bekämpfung der Jugendarbeitslosigkeit nehmen in den USA Anlernprogramme und berufsvorbereitende Kurse
den ersten Rang ein. Sie berücksichtigen nicht nur die
Schwierigkeiten der Immigranten, die auf der z.T. ungenügenden Schul- und Berufsausbildung beruhen, sondern auch
die Sprachschwierigkeiten und das Fremdsein gegenüber der
amerikanischen Kultur und dem Staatswesen.

In Cleveland lernte das Transferteam unterschiedliche Programme dreier verschiedener Träger kennen, die kurz skizziert
werden sollen:

Die Spanish-American Community in Cleveland führt für jugendliche Puertorikaner und Mexikaner berufsvorbereitende
Kurse durch, die einen 4 Monate dauernden Sprachkurs in
Englisch, gefolgt von einem 4-monatigem Werkstattkurs, umfassen. Dabei werden den Jugendlichen nicht nur bessere
Sprachkenntnisse und erste Berufskenntnisse vermittelt, sondern auch Praktiken zur Bewältigung des täglichen Lebens.
Sie lernen z.B., wie ein Vorstellungsgespräch abläuft, welche Behördengänge zu erledigen sind, wie man die staatlichen
Sozialdienste nutzt. In der Regel nehmen 30 bis 40 Jugendliche an einem Kurs teil, die angebotenen Berufszweige sind

z.B. Metallarbeit oder Büroarbeit. Neben den berufsvorbereitenden Kursen unterhält die Spanish-American Community noch einen Jugendclub, Beratungsdienste und eine Arbeitsvermittlungsstelle.

Ähnliche Kurse werden in Cleveland von der Urban League durchgeführt. Sie kümmert sich hauptsächlich um die schwarze Bevölkerung und erhält wie die Spanish-American Community große Summen vom Staat bzw. der Stadt aus dem CETA-Programm (Comprehensive Employment Training Act). Das angebotene Programm berücksichtigt neben dem geringeren Bildungsgrad und den sonstigen "handicaps" der arbeitslosen schwarzen Bevölkerung auch die fehlende Motivation zur Arbeit und die Unfähigkeit, sich ohne weiteres in ein Arbeitsleben einfügen zu können.

In diesen Kursen werden ebenfalls Praktiken zur Lebensbewältigung und Grundkenntnisse in einzelnen Berufszweigen vermittelt.

Ein drittes Programm in Cleveland wird von der dort angesiedelten TRW-Cooperation durchgeführt.

Dazu muß folgendes erläutert werden: große Unternehmen, die im wesentlichen Staatsaufträge erhalten, sind verpflichtet, ein bestimmtes Soll von ethnischen Minoritäten und benachteiligten Bevölkerungsgruppen zu beschäftigen. Diese Sollanteile richten sich nach der Verteilung der ethnischen Minderheiten und benachteiligten Bevölkerungsgruppen in der Gesamtbevölkerung. Sie sind in jeder Stadt verschieden und müssen jährlich überprüft werden. Dementsprechend wird jedes Jahr ein neuer Plan für die Beschäftigung von Minoritäten aufgestellt, der auf der fortgeschriebenen Volkszählung von 1970 beruht und die Anteile verschiedener Kategorien von Arbeitnehmern in der regionalen Bevölkerung enthält. Dabei treten zwei Schwierigkeiten auf: einmal die Schwierigkeit, Angehörige der ethnischen Minoritäten überhaupt zu erreichen und zur Arbeitsaufnahme zu motivieren, zum anderen, sie für bestimmte qualifizierte Arbeiten zu interessieren und in den dazu von der Firma angebotenen Trainingsprogrammen zu qualifizieren. Dies ist besonders bei Frauen nicht leicht.

Anfangs werden nur ganz einfache Arbeiten in der Produktion, wie Fegen und einfache Bedienung von Maschinen verlangt; die Menschen werden erst langsam an die Arbeitsplätze herangeführt und dafür ausgebildet. Die Ausbildung erfolgt durch betriebseigene Ausbilder.

Für Arbeiten mit höherer Qualifikation steht dem Werk in Cleveland eine 5 Mio-Dollar-Unterstützung von der Muttergesellschaft zur Verfügung, um zusätzliche Trainingsprogramme durchzuführen. Für diese Programme wurden qualifizierte Beschäftigte ausgesucht, die den benachteiligten Gruppen - Frauen und ethnische Minderheiten - angehören. Das Programm umfaßt ein Zweijahrestraining, bei dem Collegebesuch und on-the-job-training miteinander verbunden sind. Während dieser zwei Jahre werden die Teilnehmer freigestellt und erhalten Kurs- sowie ausfallende Lohnkosten von der Firma.

Die TRW-Cooperation hält enge Kontakte zu den einzelnen ethnischen Gruppen, um immer wieder neue Arbeitskräfte zu gewinnen.

Ähnliche berufsvorbereitende Kurse wie bei den zwei erstgenannten Beispielen in Cleveland werden in Los Angeles von der Telacu[2] durchgeführt. Auch hier werden neben Handfertigkeiten und dem Umgang mit dem jeweiligen Werkmaterial "social skills", also Fähigkeiten, sich als Immigrant in einer neuen Gesellschaft zurechtfinden zu können, vermittelt[3]. Außerdem macht die Telacu Industrieunternehmen aus-

---

[2] The East Los Angeles Community Union (Telacu), vgl. dazu Kapitel 1 Nr. 4.
[3] Nahezu 1.200 Personen durchliefen im Jahr 1978 die verschiedenen arbeitsorientierten und berufsvorbereitenden Programme, vgl. MOORE, S. 16.

findig, die bereit sind, ungelernte, arbeitslose Jugendliche und Erwachsene anzulernen, wobei die Unternehmen während dieser Zeit eine finanzielle Unterstützung für die Lohnzahlungen erhalten.

3.3 Bewertung

Auch in der Bundesrepublik werden seit einigen Jahren berufsvorbereitende Kurse angeboten, die den ausländischen Jugendlichen, die keinen Arbeitsplatz finden, nicht nur erste Berufsgrundkenntnisse, sondern auch Sprachkenntnisse und Sozialunterricht vermitteln. Insofern ähneln sich die Kurse. Es gibt aber doch einige Unterschiede:

Die zwar zum größten Teil auch staatlich geförderten Maßnahmen werden in den USA hauptsächlich von Selbsthilfeinitiativen oder den ethnischen Minderheiten selbst durchgeführt, d.h. also von den eigenen Landsleuten, die die "eigene" Sprache verstehen und die Probleme aus eigenem Erleben kennen. Damit entfällt die nicht zu unterschätzende Barriere, die durch die Sprache besteht, ebenso wie die Angst der Eltern, daß ihre Kinder der eigenen Kultur entfremdet erzogen und ausgebildet werden.

Zwar liegt die Arbeitslosigkeit der ethnischen Minderheiten in den USA aufgrund ihrer rechtlichen Gleichstellung auf dem Arbeitsmarkt wesentlich höher, die Motivation zu regelmäßiger Arbeit ist jedoch niedriger als bei den ausländischen Jugendlichen in der Bundesrepublik. Mit der seit kurzem in der Bundesrepublik bestehenden Möglichkeit, bei regelmäßiger Teilnahme an berufsvorbereitenden Kursen eine vom Einkommen der Eltern abhängige Ausbildungsunterstützung zu erhalten[4], ist gleichzeitig ein für ausländische Eltern und Jugendliche motivationsförderndes Element zur Teilnahme an berufsfördernden Maßnahmen eingesetzt worden. Diese Mo-

---
4 Diese Regelung gilt seit dem 1.1.1980 bundeseinheitlich.

tivation wird noch - gerade für die sogenannten Zusteiger - dadurch verstärkt, daß ihnen nach Abschluß der berufsvorbereitenden Maßnahme die Arbeitserlaubnis erteilt wird.

4. MASSNAHMEN ZUR GEWERBEFÖRDERUNG

4.1 Verschiedene Programme zur Gewerbeförderung

Berufsfördernde Maßnahmen und Anlernprogramme können nur dann Erfolg haben, wenn für die Angelernten im Anschluß daran ein Arbeitsplatz zur Verfügung steht. Deshalb unterstützt der Staat auch Maßnahmen zur Industrieförderung und Gewerbeansiedlung.

In Los Angeles, wo überwiegend spanischsprechende Minderheiten leben, hat das Transferteam zwei verschiedene Strategien zur Industrieförderung und Gewerbeansiedlung kennengelernt.

Die eine, begrenztere, die die Wiederbelebung eines bis dahin heruntergekommenen Wohngebietes zum Ziel hat, wird von der Economic Resources Corporation, einer privaten, nicht gewinnorientierten kalifornischen Gesellschaft verfolgt. Diese Gesellschaft wurde 1968 nach den "Watts-Aufständen" gegründet und wird hauptsächlich vom Handelsministerium finanziert. Hauptaufgabe der Gesellschaft ist die Arbeitsplatzbeschaffung. Sie baute den Watts Industrial Park, der heute fast 40 Unternehmen mit rd. 1.000 Beschäftigten umfaßt. Die Unternehmen, die sich dort niedergelassen haben und vorwiegend die Bewohner der näheren Umgebung, ethnische Minderheiten beschäftigen, erhalten Gelder für die Grundkosten der Gebäude.

In diesem Industrial Park wurde ein Kindergarten eingerichtet, der in erster Linie den Beschäftigten des Industrieparks zur Verfügung steht, aber auch von Anwohnern genutzt werden kann.

Eines der Industrieunternehmen in dem Park ist die Lockheed Corporation's Willowbrook Watts Plant. Die Fabrik beschäftigt Personen, die vorher arbeitslos, zum Teil kriminell und schwer zu beschäftigen waren. Dabei lernen die, die schon angelernte oder gelernte Arbeiter sind, die neuen ungelernten Kräfte an. Die Arbeiter werden auch während ihrer Arbeit betreut, auftretende Probleme werden gemeinsam diskutiert, Arbeitsleistungen und dauernde Anwesenheit jeden Monat prämiiert. Dazu kommt eine straffe Firmenführung. Diese Mischung stellt weitgehend sicher, daß auch Arbeiter, die vorher nicht gewohnt waren, regelmäßig zu arbeiten, "bei der Stange gehalten" werden, ein Problem, das bei ungelernten, benachteiligten und kaum zu beschäftigenden Minoritätengruppen sehr groß ist.

Neben diesem Industriepark wurden von der Economic Resources Corporation ein Einkaufszentrum mit einem Kaufhaus für Jugendliche, einer Bank und anderen Einrichtungen sowie die Verkehrsanbindung entwickelt. Damit wurden nicht nur neue Arbeitsplätze geschaffen, sondern auch die Wiederbelebung eines bis dahin heruntergekommenen Wohngebietes mit niedrigen Einkommensraten erreicht, ein Ziel, das nur mit staatlichen Geldern verwirklicht werden kann, da private Unternehmen hier nicht mehr investieren.

Die zweite Strategie, die der Telacu, geht sehr viel globaler und diversifizierter vor. Ihr Hauptbestreben geht dahin, auf dem Weg über wirtschaftliche Macht Einfluß auf die politischen Entscheidungen zum Besten des von ihr betreuten East Los Angeles und seiner benachteiligten Einwohnerschaft zu nehmen.

Eines ihrer Projekte zur Gewerbeförderung ist der Telacu Industrial Park, der mitten in East Los Angeles liegt und gut an das öffentliche Verkehrsnetz angeschlossen ist. Er enthält neben renovierten 5 neue Gebäude und bietet mehr als 2.000 Beschäftigten Arbeitsplätze.

Ein anderes wichtiges Projekt der Telacu ist das Business Development Center. Es hilft den kleinen Geschäften in East Los Angeles, indem es ihnen geschäftliche Kontakte vermittelt und ihnen Anregungen zur Geschäftsführung gibt. Technischer Beistand, finanzielle Beratung, Marktforschung für die kleinen Geschäfte sowie Managementberatung werden kostenlos vermittelt. Das Business Development Center wird vom Staat finanziert und bietet ein nicht gewinnorientiertes Programm, das von dem US-Department für Handel unterstützt wird. Es begann im September 1978 als Wirtschaftsberatungsbüro. Die Angestellten dort sind sehr gut ausgebildet, sprechen Spanisch und Englisch. Durch diese Beratung und Unterstützung von kleinen Geschäften werden nicht nur - bei Neugründungen - neue Arbeitsplätze geschaffen oder bestehende erhalten, es wird auch die Revitalisierung der Gegend gefördert, die ohne staatliche Hilfe nicht möglich wäre, da sich private Geldgeber nicht mehr engagieren.

4.2 Bewertung

Die beiden hier geschilderten umfangreichen Maßnahmenprogramme zur Gewerbeförderung und zur Arbeitsplatzbeschaffung sind jeweils dort angesiedelt worden, wo die Verslumung der Gegend und der Rückzug der einkommensstarken Bevölkerungsschichten so vorangeschritten waren, daß sich kein privater Kreditgeber und kein Industrieunternehmen mehr bereitfanden zu investieren, obwohl Arbeitskräfte überreichlich vorhanden waren.

Derartige Industrieparks, die weitgehend durch staatliche Gelder finanziert und gebaut werden, gibt es in der Bundesrepublik nicht. Die ansiedlungswilligen Unternehmen erhalten zwar je nach Bundesland unterschiedliche Hilfen bei der Gründung eines Gewerbes, aber keine speziellen Hilfen für die Schaffung von Arbeitsplätzen für ausländische Arbeitnehmer.

Darüber hinaus gibt es in einigen Städten - z.B. in Berlin (West) - ebenfalls Wirtschaftsförderungsgesellschaften, die ähnliche oder gleiche Funktionen wie das beschriebene Business Development Center haben und ebenfalls ihre Beratung kostenlos zur Verfügung stellen. Solange aber keine Gewerbefreiheit für die Ausländer aus den Hauptanwerbeländern besteht oder die bisherigen gesetzlichen Regelungen und Verwaltungsvorschriften nicht gelockert werden[1], haben diese Wirtschaftsförderungsgesellschaften keine Bedeutung für die ethnischen Minderheiten[2].

---

[1] Die Aufenthaltserlaubnis für Ausländer - ausgenommen Angehörige von EG-Mitgliedstaaten - wird im allgemeinen mit der Auflage verbunden, "selbständige oder vergleichbar unselbständige Erwerbstätigkeit nicht gestattet". Ausnahmen werden nur gemacht, wenn ein übergeordnetes wirtschaftliches Interesse oder ein besonderes örtliches Bedürfnis besteht. Dies erklärt auch die noch geringe Zahl von kleinen Lokalen, Läden und Handwerksbetrieben von ethnischen Minderheiten in der Bundesrepublik.

[2] Die Bundesrepublik fördert zwar auch durch Kredite und Beratung die Schaffung von Arbeitsplätzen für ausländische Arbeitnehmer, aber nicht in der Bundesrepublik, sondern in den Herkunftsländern, nämlich der Türkei und Griechenland (vgl. dazu Programm der Bundesregierung zur WEITERENTWICKLUNG DER AUSLÄNDERPOLITIK).

5. SOZIAL- UND GEMEINWESENARBEIT

5.1 Vorbemerkung

Solange die Bundesrepublik Deutschland davon ausgehen konnte, daß die für die Industrie angeworbenen "Gastarbeiter" nur für einen bestimmten Zeitraum bleiben würden, spielten die Fragen der Integration und der sozialen und kulturellen Betreuung eine weit geringere Rolle als heute.

Seit dem Anwerbestopp und dem damals beginnenden und heute noch nicht abgeschlossenen Familiennachzug stieg die Nachfrage nach Infrastruktureinrichtungen und sozialer Betreuung für die ausländischen Familien immer weiter an. Mit zunehmender Aufenthaltsdauer stieg auch der Wunsch nach kultureller Betätigung, um die eigene kulturelle und religiöse Identität nicht zu verlieren.

Dabei ist es von großem Interesse, wie das klassische Einwanderungsland USA seine ethnischen Minderheiten im Sozialbereich betreut und welche Formen der Sozialarbeit entwickelt wurden. Die Tatsache, ob und wie es gelingt, die sprachlichen, kulturellen und traditionellen Barrieren zu überwinden, die zum Teil verhindern, daß ethnische Minderheiten überhaupt die ihnen zur Verfügung stehenden Angebote wahrnehmen, spielt dabei eine große Rolle.

5.2 Allgemeine staatliche Sozialarbeit

Die Frage der Chancen- und Rassengleichheit hat für die sozialen Dienste einen hohen Stellenwert. Kennzeichnend hierfür ist der große Personaleinsatz in diesem Bereich. Die Abteilungen für soziale Dienste stellen für die ethnischen Minoritäten eigene Beratungskräfte bereit. So gibt es z.B. in Cleveland einen Community Relations Board der Stadt, der

---

1 Über die Hälfte der 4 Mio. in der Bundesrepublik wohnenden Ausländer lebt hier schon 8 Jahre und mehr (vgl. DIW-WOCHENBERICHT, Nr. 30 (1980), S. 313).

- 1945 eingerichtet - die unmittelbare Verantwortlichkeit der Stadtregierung für das Verständnis zwischen den verschiedenen Bevölkerungsgruppen trägt. Der hauptamtliche Stab des Board besteht aus über 20 Mitarbeitern, die zum Teil in der Feldarbeit, zum anderen Teil in speziellen Bereichen wie Arbeitsbeschaffung, Wohnen, Sicherheit und Schulfragen beschäftigt sind.

Eine weitere Einrichtung ist in Cleveland die Urban League of Greater Cleveland - aus einer Urban League-Bewegung entstanden -, die 1910 damit begann, den aus dem Süden immigrierten schwarzen Bevölkerungsteilen zu helfen, sich ein neues Leben im Norden des Landes einzurichten und Arbeit zu finden. Hauptaufgabe der Urban League ist es, den schwarzen Bevölkerungsteilen die gleichen Lebenschancen zu verschaffen wie den weißen. Finanziert wird die Urban League aus vielen Quellen, z.B. CETA^2-Titeln, aus Mitteln der Schulbehörde usw; ihr Programm umfaßt aber auch eine Fülle von Beratungs- und Betreuungsangeboten, angefangen von Berufsberatung und Workshops für Jugendliche, über Erwachsenenbeschäftigungsprogramme, Sommerprogramme für Kinder und Jugendliche, Altenprogramme, Gesundheitsdienste bis hin zu Hilfen bei der Wohnungssuche.

5.3 Gemeinwesen- und Sozialarbeit durch Selbsthilfeorganisationen

Als eine Mischform aus dem Engagement der Kirche wie auch der dazugehörigen ethnischen Minderheit kann das Spanish-American-Committee bezeichnet werden. Es ist aus einer Initiative heraus entstanden, die sich für die in Cleveland lebende spanische Gemeinde einsetzte. 1966 schlossen sich einige engagierte Bürger zusammen, die Regeln und Programme entwickelten, um die Chancen der rd. 25.000 spanischsprechenden Bürger in Cleveland zu verbessern. Diese Initiative wurde

---

2 Vgl. Kap. 1 Nr. 3.2.

die ersten drei Jahre hindurch von der Cleveland-Stiftung mit über 58.000 Dollar gefördert. Zu Anfang hatte das Spanish-American-Committee zwei nichtspanische Direktoren. Das hat sich inzwischen geändert, und auch die Mitarbeiter im Center sind überwiegend spanischsprachiger Herkunft.

Die Ziele des Komitees sind:

- Verbesserung der Lebensverhältnisse der spanischsprechenden Gemeinde in Cleveland durch die Förderung von Projekten und Aktivitäten für die Gemeinde,

- Förderung von Freundschaft, gegenseitigem Verständnis und kulturellem Austausch mit anderen Gruppen und Organisationen.

Seit seinem Bestehen hat das Komitee Dienste für die Gemeinschaft bereitgestellt. Einige Programme scheiterten, einige - wie soziale Dienste - wurden unterbrochen, werden aber heute wieder fortgeführt.

So werden Sozialdienste in Form von Berufsberatung, Jugendzentrum, Betreuung und Beratung von Arbeitslosen angeboten. Sprachtraining in Englisch, berufsvorbereitende Kurse und ein bilingualer Kindergarten erweitern das Angebot für die Gemeinde; kulturelle Aktivitäten wie Fotoausstellungen, "social days" für Puertorikaner, Kurse über die Geschichte Puerto Ricos helfen, die eigene kulturelle Identität zu erhalten und zu fördern.

Das Komitee wird bei seinen vielfältigen Aktivitäten unterstützt von verschiedenen finanziellen Quellen wie der Community Services Administration, von Stiftungen in der Region Clevelands, von Mitteln aus dem CETA-Programm u.a. Das Komitee ist eine nicht gewinnorientierte, auf der Gemeinde basierende Organisation mit einem Stab von 52 Beschäftigten, die überwiegend aus der Gemeinde stammen.

5.4 Gemeinwesen- und Sozialarbeit durch die Community Development Corporation Telacu in Ost-Los Angeles

Der Name dieser Institution ergibt sich aus der Abkürzung von "The East Los Angeles Community Union". Sie ist eine der in über 40 Städten der USA eingerichteten Gesellschaften, die unter dem Begriff "Community Development Corporations (CDC)" auf die umfassende Revitalisierung städtischer Problemgebiete abzielen[3]. Die Rechtsgrundlage dieser "Community Development Corporations" sind zwei 1966 und 1972 in den "Economic Opportunity Act" aufgenommene und auf Problemgebiete bezogene Wirtschaftsförderungsprogramme. Telacu kümmert sich um die Bürger von East Los Angeles, vor allem mexikanisch-amerikanischer Herkunft, um ungefähr 105.000 legale oder illegale mexikanische Emigranten. Telacu arbeitet in einem Gebiet, das keine eigene Gemeindeverfassung und somit keine politische Repräsentation besitzt, sondern ein ziemlich "kraftloses Mündel" (powerless ward) des Los Angeles County darstellt. Im Verlauf der letzten 20 Jahre haben überdies umliegende Gebiete, die den Rang von Städten erhielten, Teile von East Los Angeles an sich gerissen und so gerade die Bereiche herausgetrennt, die hohe Steuerquoten erbrachten[4]. East Los Angeles hat dadurch mehr oder weniger nur noch die Funktion eines Korridors zwischen Los Angeles und diesen umliegenden Gemeinden.

Aufgrund seiner Ausgangslage - hohe und langanhaltende Arbeitslosenrate, niedrige Einkommen der Erwerbstätigen und hoher Anteil un- bzw. wenig qualifizierter Arbeitskräfte - wurde dieses Gebiet als Problemgebiet eingestuft und erhielt Mitte der 60er Jahre im Zusammenhang mit dem Antiarmuts-

---

[3] Vgl. dazu die Ausführungen in Tl. 1 dieser Untersuchung WERNER HEINZ, Selbsthilfe und Bürgerbeteiligung im Rahmen der Wohnraum- und Wohnumfeldverbesserung, Berlin 1980, Teil I, Abschnitt 3: Community Development Corporations - Stadtteilentwicklungsgesellschaften (Deutsches Institut für Urbanistik).

[4] Vgl. auch die Ausführungen zu der Steuerpraxis in den USA im Teil 2 dieser Untersuchung: SIGMAR GUDE, Flexible Finanzzuweisungen für die Stadterneuerung, Berlin 1980, S. 95 (Deutsches Institut für Urbanistik).

Programm der Johnson-Administration eine aus öffentlichen und privaten Mitteln finanzierte und auf lokaler Ebene kontrollierte stadtteilbezogene Entwicklungsgesellschaft zur Unterstützung von Problemgebieten.

1973/1974 hat Telacu sich über eine Bürgerinitiative mit anderen Gruppen intensiv für eine Gemeindeverfassung für East Los Angeles eingesetzt, um auch Bundesmittel, die nur für Städte/Gemeinden bestimmt sind[5], auch für East Los Angeles beantragen zu können. Angst vor höheren Steuern (von einer Hausbesitzerorganisation hochgespielt) und allgemeine Apathie (Wahlbeteiligung nur 15 %) ließen dieses Vorhaben mit einem Stimmenverhältnis von 2:1 scheitern.

Telacu besteht seit 1968 und hat wie alle anderen CDC's das sehr weitgesteckte Ziel der ökonomischen und sozialen Rehabilitation des Gebietes. Die Gesellschaft umfaßt neben der Finanzabteilung drei Hauptzweige:

- Telacu Industries
- Community Development Division
- Urban Development Division

Diesen Abteilungen sind mannigfaltige Projekte zugeordnet, die sich im Lauf der Jahre entwickelt haben.

Das Konzept für diese Gesellschaft wurde von den Gewerkschaftsführern der Autoindustrie entwickelt. Die ursprünglichen Hauptziele von Telacu waren:

- Telacu sollte so schnell wie möglich <u>die</u> zentrale Organisation werden, an die sich alle öffentlichen und privaten Entscheidungsträger für die Zukunft von East Los Angeles wenden müssen.

- Telacu wollte grundsätzlich Aktivitäten anregen, unterstützen und eventuell kontrollieren, die wirtschaft-

---

5 Vgl. ebenda, S. 94.

liche Lebensfähigkeit verbessern, Vermögensbildung fördern und Facharbeiter heranziehen helfen. Auf diesem Wege sollte auch die Arbeitsplatzvergabe an Einwohner der Region verbessert werden.

- Telacu wollte versuchen, ein Maximum an öffentlichen und privaten Quellen für finanzielle und andere Unterstützung der Region zu erschließen[6].

Inzwischen ist Telacu zu einer millionenschweren Holding-Gesellschaft herangewachsen, die Unterstützung aus mehr als 12 öffentlichen und privaten Quellen erhält. Der Rahmen der Aktivitäten reicht von der Hilfestellung bei Problemen im privaten Bereich, Hausrenovierung, Gesundheitsdienst, Jugend- und Seniorenbetreuung bis hin zu großen wirtschaftlichen Transaktionen wie Geschäfts- oder Bankgründungen, Industrieansiedlung sowie Anlage- und Industrieberatung.

Das Hauptziel bis 1980 besteht darin, mit dem gewinnorientierten Bereich das Management des nicht gewinnorientierten Bereichs der sozialen Leistungen und berufsfördernden Maßnahmen zu finanzieren.

Zum großen Teil sind die 250 Mitarbeiter von Telacu früher selbst Arbeitslose gewesen. Ein Großteil ist mexikanischer Abstammung. Das gewährleistet, daß durch die Aktivitäten von Telacu die ethnische Identität der Betreuten nicht verlorengeht. Eine Reihe von kulturellen Programmen sorgt für deren Erhaltung; das bekannteste darunter dürfte die Anfertigung der "Murals" (Wandbilder)[7] sein, für die East Los Angeles berühmt ist.

---

6 Dies erklärt auch den Versuch, sich über eine eigene Gemeindeverfassung CETA-Gelder zu erschließen.
7 Sie werden von mexikanischen Jugendlichen, die arbeitslos sind oder Freizeitgestaltung suchen, unter Anleitung von mexikanischen Künstlern gefertigt und sollen einerseits die mexikanische Kunst, andererseits die Identifikation der Bewohner unterstützen.

Zu betonen ist allerdings, daß bei allen Hilfeleistungen, sei es Industrieberatung oder on-the-job-training, nur die Personen gefördert werden, die freiwillig kommen und auch von sich aus "bei der Stange" bleiben. Ziel aller Hilfen ist es, die Leute zu befähigen, nach der Beratung oder Ausbildung selbst zurechtzukommen.

5.5 Bewertung

Vergleicht man die Lage der ethnischen Minderheiten in den USA und der Bundesrepublik, so ergeben sich - gerade im Hinblick auf die Gemeinwesen- und Sozialarbeit - doch sehr erhebliche Unterschiede.

Einerseits sind die USA schon lange ein Einwanderungsland mit inzwischen gewachsenen Gemeinden ethnischer Minderheiten. Andererseits liegt die Arbeitslosigkeit der ethnischen Minderheiten weit höher als in der Bundesrepublik[8], das gleiche gilt für die Zahl der Sozialhilfeempfänger[9].

Daraus erklären sich zum einen das große Engagement der Communities und Selbsthilfegruppen, zum anderen die viel umfassenderen Programme der Selbsthilfeorganisationen, die weit über die Sozial- und Gemeinwesenarbeit hinausgehen.

Auch in der Bundesrepublik engagiert sich die Kirche im Bereich der Sozial- und Gemeinwesenarbeit, Betreuungs- und Beratungsarbeit werden aber auch von Gewerkschaften und Ar-

---

[8] In der Bundesrepublik lag der Prozentsatz der ausländischen Arbeitslosen 1979 bei nur 4,7 %. Quelle: DIW-WOCHENBERICHT, Nr. 30 (1980), S. 31.

[9] Die Zahl derer, die Sozialhilfe empfangen, lag in Cleveland bzw. Cuyahoa County bei ungefähr 20 % im Jahre 1979. Quelle: CLEVELAND PROFILE, S. 1 u. 5; in der Bundesrepublik dagegen kann jeder Ausländer ausgewiesen werden, wenn er den Lebensunterhalt für sich und seine unterhaltsberechtigten Angehörigen nicht ohne Inanspruchnahme von Sozialhilfe bestreiten kann (siehe dazu U. SPIESS, Rechtsprobleme ausländischer Arbeitnehmer als Folge staatlicher Ausländerpolitik, Berlin 1980, S. 50 (Wissenschaftszentrum Berlin, discussionspapers series).

beitnehmervereinigungen angeboten. Selbsthilfeinitiativen der ethnischen Minderheiten gibt es bisher kaum[10], wenn, dann sind es meist religiös orientierte Vereinigungen.

Neben den obengenannten Institutionen und den staatlichen Sozialarbeitern setzen sich vor allem die Verbände der freien Wohlfahrtspflege - die Arbeiterwohlfahrt, die Caritas und das Diakonische Werk - ein[11]. Diese Wohlfahrtsverbände werden von staatlicher Seite - in einem bestimmten Finanzierungsverhältnis zwischen Bund und Ländern - unterstützt. Sie unterhalten in der Bundesrepublik 570 Ausländerberatungsstellen, in denen 750 überwiegend ausländische Sozialarbeiter für ihre Landsleute tätig sind[12]. Diese Wohlfahrtsverbände betreuen je nach ihrem Nationalitätenschwerpunkt Freizeitheime für die ausländischen Bevölkerungsgruppen, in denen Musik-, Folklore-, Sport- und Spielgruppen angeboten werden. Darüber hinaus gibt es Sprachkurse und Kurse z.B. in Maschineschreiben. Nähkurse richten sich speziell an die ausländischen Mädchen und Frauen. Kleinere und größere gesellige Veranstaltungen ergänzen neben Theatergruppen das Programm. Neben der Arbeit mit Gruppen im Freizeitbereich werden Einzelberatungen für die ausländischen Bevölkerungsgruppen angeboten und von eigenen Landsleuten durchgeführt.

Trotz dieses breiten Angebots fehlt der Sozial- und Gemeinwesenarbeit in der Bundesrepublik das, was die ethnischen Minderheiten in den USA in ihren eigenen Gemeinden als Selbsthilfeorganisation begonnen haben; der Grad der Identi-

---

10 Zahlreicher sind Initiativen - meist stadtteilbezogen -, die von eingetragenen Vereinen oder sonstigen Institutionen angeregt und getragen werden, bei denen allerdings auch ausländische Mitarbeiter beschäftigt sind. Vgl. LEITLINIEN UND NEUE MASSNAHMEN ZUR AUSLÄNDERINTEGRATION UND DEREN DURCHFÜHRUNG, Drucksache des Abgeordnetenhauses von Berlin Nr. 8/428 vom 2.6.1980.
11 Aufgrund bundesweiter Vereinbarungen betreuen die Wohlfahrtsverbände jeweils bestimmte Nationalitäten, und zwar die Arbeiterwohlfahrt: Türken, Jugoslawen, Marokkaner und Tunesier; das Diakonische Werk: Griechen; der Caritasverband: Italiener, Spanier und Portugiesen.
12 Siehe WEITERENTWICKLUNG DER AUSLÄNDERPOLITIK, S. 14.

fikation mit ihrer Gemeinde und ihrem Wohngebiet, mit ihren
Landsleuten war bei den verschiedenen besuchten Einrichtungen sehr hoch. Die in den Selbsthilfeorganisationen beschäftigten Leute engagierten sich in einem sehr hohen Maße für
die Probleme ihrer Landsleute und konnten sich, da sie oft
selbst erst durch die Organisationen "emporgekommen" waren
und einen Arbeitsplatz gefunden hatten, intensiv in die
Lage ihrer eigenen Minderheit versetzen und auf die jeweilige Mentalität reagieren.

6. POLITISCHES ENGAGEMENT UND WAHLBETEILIGUNG DER
   ETHNISCHEN MINDERHEITEN

6.1 Situation bei der hispanischen Bevölkerung

Trotz des hohen sozialen Engagements der einzelnen ethnischen Minderheiten innerhalb ihrer Gemeinschaft ist die politische Beteiligung der Minoritäten, und zwar besonders derer, die zu den sozial benachteiligten Schichten gehören, relativ gering. Obwohl sie Staatsbürger sind, die vollen Wahlrechte besitzen und eigene Parteien gründen können, liegt z.B. der Anteil der in Cleveland eingetragenen Wähler der spanischen Gemeinde weit unter 30 %. Politisch waren die Puertorikaner nicht in der Lage, ein eigenes Mitglied in den Stadtrat der Stadt Cleveland zu wählen. So kandidierten z.B. 1959 zwei Puertorikaner gegen ein Mitglied der demokratischen Partei. Das Mitglied der demokratischen Partei erhielt 2.176 Stimmen, die beiden anderen nur 675 Stimmen. Die spanische Minderheit hat zwar zwei eigene Parteien - die Liga Democrata und Comite Hispano Democrata -, aber nur ungefähr die Hälfte der registrierten puertorikanischen Wähler wählt die eigenen Parteien[1]. Ein ähnliches Bild bietet sich auch in Los Angeles bei der spanischen Bevölkerung, da die Einsetzung einer eigenen Gemeindeverfassung für das Gebiet East Los Angeles, die den Zugriff auf Bundesmittel für dieses Gebiet bedeutet hätte, mit an der niedrigen Wahlbeteiligung von 15 % scheiterte[2].

6.2 Bewertung

Politische Beteiligung und ökonomisch-soziokulturelle Stellung scheinen in engem Zusammenhang zu stehen. Die Gesprächspartner des Transferteams vertraten die Auffassung, daß die Angehörigen der ethnischen Minoritäten zum Teil so stark von den Problemen des täglichen Lebens beansprucht sind, daß

---

[1] Vgl. KARL BONUTTI und GEORGE PRPIC, Selected Ethnic Communities of Cleveland. Socio-economic Study, 2. Aufl. Cleveland 1977, S. 184.
[2] Vgl. Kap. 1 Nr. 5.4.

ihnen Politik und politisches Engagement fremd und unwichtig erscheinen.

Rückschlüsse auf die Situation der Bundesrepublik lassen sich hieraus kaum ziehen. Am ehesten wird man noch sagen können, daß zuerst eine Verbesserung der aufenthalts- und arbeitsrechtlichen Situation herbeigeführt werden muß, um die ausländischen Arbeitnehmer und ihre Familien aus ihrer unsicheren Lebenssituation zu befreien. Erst dann wird es überhaupt möglich sein, sie für ein politisches Engagement zu interessieren.

7. WOHNUNGSPOLITIK UND MASSNAHMEN ZUR WOHNUNGS- UND WOHN-
UMFELDVERBESSERUNG IN GEBIETEN MIT EINEM HOHEN ANTEIL
ETHNISCHER MINDERHEITEN

7.1 Vorbemerkung

Wie schon in der Einleitung erwähnt, liegen in den Industriestädten der USA und der Bundesrepublik ähnliche Stadt- und Strukturprobleme in den innerstädtischen Wohnbereichen vor: Bevölkerungsverlust oder -abwanderung höherer Einkommensschichten[1] aus den Innenstädten, als Folge davon Ballung von unterprivilegierten Bevölkerungsschichten wie ethnischen Minderheiten, älteren Menschen, un- oder angelernten Arbeitern in eben diesen Gebieten, einhergehend mit struktureller Arbeitslosigkeit und hohen Kriminalitätsraten haben zur Verslumung der Innenstädte geführt.

In einigen Punkten unterscheidet sich der amerikanische Wohnungsmarkt allerdings von dem in der Bundesrepublik:

- auch in den Großstädten herrscht der Bestand an vorwiegend kleineren, von einer bis zu vier Familien genutzten sogenannten Single-Family-Houses vor[2];

- der Anteil des Bestandes an öffentlich finanzierten Wohnungen ist sehr niedrig, in Cleveland liegt er z.B. bei 5 %[3];

- der Anteil an Eigenheimen bzw. an selbstgenutzten Eigentumswohnungen ist dagegen hoch[4].

Dazu kommt ein in seinen Ausmaßen in deutschen Großstädten bisher unbekannter Verfall ganzer Stadtgebiete. Zurückgeführt wird dies auf umfangreiche Stadterweiterungsmaßnahmen in Form von Vorstädten in den 50er und 60er Jahren und den

---

[1] Diese Schichten sind in der Lage, die in den Außengemeinden der US-Städte höheren Mieten und Steuern zu zahlen.
[2] Vgl. HEINZ, S. 21.
[3] Siehe CLEVELAND PROFILE, Section 8 (in Berlin z.B. liegt der Anteil an Sozialwohnungen bei 40 %, DIW-WOCHENBERICHT, Nr. 19 (1980).
[4] In Cleveland 1976 bei 43 %, in anderen Städten aber noch höher.

Wegzug weißer Mittelschichtbewohner in die neuentstandenen Villen- und Reihenhaussiedlungen sowie auf den Zuzug ethnischer Minderheiten in diese bisher von den "Weißen" bewohnten Gegenden, auf das darauf folgende negative Investitionsverhalten privater Hauseigentümer und Gewerbetreibender, dem wiederum ein negatives Verhalten der Kreditinstitute folgte[5].

Daneben führte die von der öffentlichen Hand bis in die frühen 70er Jahre durchgeführte Flächensanierung mit umfangreichen Baumaßnahmen und daraus resultierenden höheren Mieten zu einer Abdrängung einkommensschwacher Bevölkerungsschichten - meist ethnischer Minderheiten - in andere, ebenso schlecht ausgestattete Altbauquartiere[6].

In Cleveland läßt sich allerdings nachweisen, daß sich die ethnischen Minderheiten zu Anfang in der unmittelbaren Nähe ihrer Kirche oder eines anderen Kommunikationsortes wie einer Bar oder einem Geschäft angesiedelt haben[7].

Ebenso ergab eine Befragung, daß 73 % der puertorikanischen Gemeinde nicht die Absicht haben, aus ihrer "neighbourhood" auszuziehen, weil Wohnen in Vorstädten zu teuer wäre und sie die bestehenden Freundschaften und nachbarlichen Beziehungen nicht aufgeben wollte. Auch das Vorhandensein von Schulen mit bilingualen Programmen spielt dabei eine große Rolle[8].

7.2 Projekte der Selbsthilfeorganisation der ethnischen Minderheiten zur Wohn- und Wohnumfeldverbesserung

Da sich eines der bundesdeutschen Transferteams mit dem Thema "Selbsthilfe und Bürgerbeteiligung bei der Wohnraum- und

---

5 Vgl. HEINZ, S. 22.
6 Vgl. Ebenda, S. 22.
7 Vgl. MOORE S. 2 und S. 19, BONUTTI/PRPIC, S. 181.
8 BONUTTI/PRPIC, S. 246.

Wohnumfeldverbesserung"[9] beschäftigte, wird im folgenden nur noch kurz auf die Projekte eingegangen, die von den schon im Rahmen der Gemeinwesen- und Sozialarbeit erwähnten Institutionen bzw. Organisationen betreut werden.

Sowohl die Urban League in Cleveland als auch die Telacu Gesellschaft in Los Angeles fördern in ihren Programmen die Instandsetzung und Modernisierung der Wohnquartiere der ethnischen Minderheiten.

Telacu verwendet dazu CETA-Mittel, indem sie Arbeitslose bei der Renovierung und Instandsetzung der Häuser in Anlernprogrammen einsetzt und damit sowohl eine Verbesserung der Wohnsituation als auch eine berufliche Qualifikation der bisher Arbeitslosen erreicht.

Die Urban League ist bei der Vermittlung von Wohnraum behilflich und berät die ethnischen Minderheiten bei Wohnproblemen.

Beide Institutionen verfolgen aber nicht nur das Ziel, Wohngebiete ethnischer Minderheiten durch Sanierung und Modernisierung bzw. Instandsetzung zu verbessern, sie richten ihre Aktivitäten vielmehr darauf, insgesamt das Wohngebiet zu revitalisieren, d.h. auch Gewerbe anzusiedeln, Banken zu gründen und Sozialeinrichtungen zu schaffen.

7.3 Bewertung

Mit der Abkehr von der Flächensanierung hin zur Sanierung von kleineren Wohngebieten und zur Modernisierung und Instandsetzung von Gebietsteilen und Siedlungen wird zwar eine Wohn- und Wohnumfeldverbesserung in den jeweiligen Gebieten erreicht. Eine in der Bundesrepublik diskutierte Entballung von Wohngebieten ethnischer Minderheiten wurde und wird damit aber nicht angestrebt. Ziel ist vielmehr die Identifikation der ethnischen Minderheiten mit ihren Wohngebieten,

---

9 Vgl. dazu HEINZ.

um dem zum Teil vorhandenen Vandalismus und dem Leerstehen ganzer Straßenzüge und der endgültigen Verslumung entgegenzuwirken.

Die Bundesrepublik lehnt ein besonderes Wohnprogramm für Ausländer als integrationshemmend ab. Es werden allerdings städtebauliche Erneuerungsmaßnahmen sowie einfache Instandsetzung und Modernisierung auf Landesebene finanziert[10] und vom Bund und den Ländern modellhafte Maßnahmen der Stadterneuerung und Wohnungsmodernisierung mit Darlehen und Zuschüssen gefördert[11].

---

10 Vgl. z.B. LEITLINIEN UND NEUE MASSNAHMEN, S. 6.
11 WEITERENTWICKLUNG DER AUSLÄNDERPOLITIK, S. 23 ff.

KAPITEL 2

GROSSBRITANNIEN

1. ZUR SITUATION ETHNISCHER MINDERHEITEN IN GROSSBRITANNIEN

Heutzutage ist Großbritannien eine multikulturelle Gesellschaft mit ungefähr 1 3/4 Mio. Angehörigen ethnischer Minderheiten, von denen allerdings 40 % schon in Großbritannien geboren sind.

Die Einwanderung nach Großbritannien aus den Mitgliedsländern des Commonwealth, besonders aber aus Indien, Pakistan, Ostafrika, den Westindischen Inseln und aus Zypern setzte verstärkt in den 50er und 60er Jahren ein[1].

Seit dem Immigration Act von 1971 ist allerdings dem unkontrollierten Anwachsen dieser Bevölkerungsgruppen durch aus dem Commonwealth einströmende Einwanderer nach Großbritannien ein Riegel vorgeschoben. Nur noch ein sehr eng definierter Personenkreis hat Anspruch auf Zuzug ins "Mutterland", nur noch Frauen und Kinder unter 18 Jahren dürfen nachreisen[2].

Eine ungefähre Aufteilung der ethnischen Gruppen läßt sich aus der Volkszählung von 1971 ableiten; sie umfaßt aber nicht die schon in Großbritannien geborenen Kinder, die immerhin 40 % der Gesamtsumme der ethnischen Minderheiten ausmachen[3]:

---

[1] In diesen Jahren wurden ethnische Minderheiten als Arbeitskräfte angeworben, z.B. von führenden Industrieunternehmen der Londoner Transport-Gesellschaft, vgl. FACT SHEET 1, Immigration, London o.J. (Community Relations Council (CRC)).
[2] Dies entspricht - trotz des Anwerbestopps - dem in der Bundesrepublik gestatteten Familiennachzug.
[3] FACT PAPER 1, The basic figures, London 1977 (CRC).

Geburtsort	Summe
West-Indien	304.000
Indien	322.000
Pakistan	140.000
Afrikanische Staaten	164.000
Zypern	73.000
andere	143.000
	1.146.000

Die ethnischen Minderheiten in Großbritannien besitzen ebenso wie die in den USA die Staatsbürgerschaft (residentship) und das volle Wahlrecht. Auch können sie alle Sozialleistungen in Anspruch nehmen.

In Großbritannien gehören ebenfalls - wie in den USA - die farbigen Einwanderer aus den Ländern des New Commonwealth und aus Pakistan zu den besonders benachteiligten Gruppen[4].

---

[4] Mitte 1976 sind 3,3 % der Bevölkerung, nämlich 1.771.000 in New Commonwealth oder in Pakistan geboren oder haben Eltern, die dort geboren sind, vgl. dazu FACT SHEET 1.

2. SCHUL- UND SPRACHPROGRAMME FÜR DIE ETHNISCHEN MINDERHEITEN

2.1 Vorbemerkung

Von den über 1 1/2 Mio. Immigranten sind ungefähr 450.000 Kinder im schulpflichtigen Alter. Das entspricht bei ca. 9,5 Mio. Schulkindern in Großbritannien keinem sehr hohen Anteil. Da ethnische Minderheiten allerdings - wie in den USA und der Bundesrepublik - in bestimmten, meist innerstädtischen Gegenden konzentriert wohnen, beträgt bei mehr als 1.000 Schulen - bei insgesamt 33.000 Schulen in Großbritannien - der Anteil der Schüler ethnischer Minderheiten mehr als 25 %.

Der Versuch städtischer Behörden, durch bussing die hohe Konzentration in einigen Schulen aufzulösen, scheiterte am Widerstand der Eltern der ethnischen Minderheiten[1].

Auch in Großbritannien leben die ethnischen Minderheiten in schlechten Wohngebieten konzentriert beieinander, teilweise eine ethnische Minderheit fast nur in einer bestimmten Stadt oder einem Stadtviertel[2].

Nahezu die Hälfte der Immigranten leben schon 15 Jahre oder länger in Großbritannien. Die meisten kamen aus wirtschaftlichen Gründen.

Für das Transferteam waren besonders die asiatischen Minderheitengruppen interessant, weil deren kultureller und religiöser Hintergrund - ebenso wie bei der türkischen Bevölkerung in der Bundesrepublik - am weitesten von dem des Einwanderungslandes abweicht. Unter den asiatischen Minder-

---

1 In Bradford wurden Kinder aus asiatischen Familien mit Bussen in andere Schulen transportiert. Die Eltern wandten sich, gestützt auf die Indian Workers Association, dagegen und erhielten Recht mit der Begründung, nur bei einer gemischten sozialen und ethnischen Nachbarschaft könne die soziale Harmonie gefördert werden. Vgl. DAILY TELEGRAPH vom 23.11.1978 und THE TIMES vom 29.11.1978.
2 Z.B. die Asiaten in Leicester; griechische Zyprioten in Haringey; spanischsprechende Minderheiten in Nord Kensington, vgl. dazu BRIEFING PAPER: Ethnic Minorities in Britain, London o.J., S. 3.

heiten finden sich Hindus, Moslems, Buddhisten, Sikkisten, Jainisten und teilweise auch Christen. In diesen Familien spielt der Haushaltsvorstand die dominante Rolle; jeder hat in der Familie seine festgelegten Pflichten. Das führt oft zu erheblichen Generationsproblemen, wie sie auch bei den türkischen Familien in der Bundesrepublik deutlich werden.

Normalerweise besuchen die Kinder ethnischer Minderheiten die Regelklassen der englischen Schulen.

Kinder, die erst im schulpflichtigen Alter nach Großbritannien gekommen sind oder die aufgrund der hohen Konzentration der ethnischen Minderheiten und dem damit einhergehenden Mangel an Möglichkeiten, spielerisch durch Kontakte mit englischsprechenden Kindern die englische Sprache zu lernen[3], diese noch nicht oder nur sehr unvollkommen sprechen, besuchen zuerst ein Language Center. Dort erhalten sie ein bis zwei Jahre intensiven Englischunterricht, um so schnell wie möglich in die Regelklassen eingeschult werden zu können. Die Lehrer in diesen Language Centers sind qualifizierte Kräfte mit einer Ausbildung für Englisch als Zweitsprache.

2.2 Multikulturelle Erziehung

Multikulturelle Erziehung ist das Ziel der britischen Erziehungsbehörden in den Schulen, wo ein höherer Anteil ethnischer Minderheiten zu finden ist. Dazu werden z.Z. Curricula entwickelt für einen Unterricht, in dem alle Kinder etwas über die kulturellen, geschichtlichen und religiösen Hintergründe ihrer Mitschüler erfahren, um sie besser verstehen und akzeptieren zu können. Es wird versucht, bei der

---

[3] Da die Versorgung der Gemeinden mit Nursey-Schools oder Kindertagesstätten für Kinder unter 5 Jahren nicht flächendeckend ist, werden bei den hohen Preisen und den großen Entfernungen nur sehr wenige Kinder ethnischer Minderheiten in diese Einrichtungen gegeben, sondern eher - bei Berufstätigkeit beider Elternteile - von älteren Geschwistern betreut. Damit entfällt die Möglichkeit der frühen Sprachvermittlung.

Gestaltung des multikulturellen Unterrichts die jeweiligen
Kinder zur aktiven Beteiligung zu motivieren, indem auf ihre
Sitten und Gebräuche, auf ihre Feste und z.B. auch auf ihre
Eß- und Kochgewohnheiten eingegangen wird. Die dafür einge-
setzten Lehrer, die sich durch ein Team erfahrener Lehrer
beraten und betreuen lassen können, werden besonders geschult.
Elternarbeit wird angestrebt und gefördert, um den fehlenden Informationsstand der Eltern über das britische Schul-
system und ihren z.T. vorhandenen Widerstand dagegen[4] abzu-
bauen.

An den Hochschulen werden Lehrer für diesen Unterricht speziell ausgebildet, so z.B. an der Universität von Leicester,
wo Lehrer für den Unterricht "Englisch als Zweitsprache" und
für eine Erziehung für eine multikulturelle Gesellschaft
ausgebildet werden.

2.3 Bewertung

Da eine räumliche Verteilung der ethnischen Minderheiten
weder durch Wohnungsprogramme noch durch bussing zu erreichen sein wird, erscheint der Ansatz einer multikulturellen
Erziehung mit dem Ziel, gegenseitiges Kennenlernen und Verständnis füreinander zu fördern, zumindest für ein Einwanderungsland von großer Bedeutung zu sein. Ebenso wichtig
erscheint aber auch, daß das Ziel, allen Schulkindern die
englische Sprache als Voraussetzung für ein Leben und Arbeiten in Großbritannien zu vermitteln, dabei außer Frage
gestellt wird.

2.4 Sonstige Sprachprogramme

Obwohl schon ungefähr die Hälfte der Immigranten seit über
15 Jahren in Großbritannien wohnt, gibt es noch immer Be-

---

[4] Viele Asiaten mit islamischem Glauben würden z.B. einen nach Ge-
schlechtern getrennten Unterricht vorziehen.

völkerungsgruppen ethnischer Minderheiten, die kein oder kaum Englisch sprechen[5]. Es handelt sich hierbei um die nachgereisten Familienangehörigen; bei einigen ethnischen Minderheiten sind es besonders die Frauen, die wegen mangelnder Notwendigkeit, im täglichen Leben Englisch sprechen müssen, sei es, daß sie nicht berufstätig sind[6], sei es, daß sie konzentriert wohnen, die Sprache nicht gelernt haben.

Es gibt jedoch eine Einrichtung, die gerade Frauen ethnischer Minderheiten Englisch vermitteln soll und die dabei auf die besondere Lage dieser Frauen eingeht. Diese Einrichtung ist das English Home Tuition Scheme (Heimsprachschule) in Leicester, das 1968 gegründet wurde, um den Menschen, die wegen der Sprachschwierigkeiten nicht am Gemeinschaftsleben teilnehmen können, zu helfen. Die Mehrzahl der freiwilligen Helferinnen sind Frauen[7]; sie besuchen die Asiatinnen - 1, 2 oder 3 Mal in der Woche - zu Hause und unterrichten im Einzelunterricht. Bei der Auswahl der "Lehrer" und "Schüler" wird u.a. darauf geachtet, daß die beiden gleiche oder ähnliche Interessen haben, daß der Anfahrtsweg nicht zu weit ist. Dabei wird nicht nur die englische Sprache vermittelt, sondern auch Kenntnisse der Lebensverhältnisse in England. Bei genügend großer Nachfrage werden auch Gruppen gebildet und unterrichtet. Zur Zeit werden 200 Leute in dieser "Heimsprachschule" unterrichtet. Das English Home Tuition Scheme wird in der Hauptsache von dem Leicester Education Committee finanziert, allerdings erst seit 1974,

---

[5] Es gibt Schätzungen, daß ungefähr 40 % der männlichen und 60 % der weiblichen Bevölkerung asiatischer Abstammung kaum oder gar kein Englisch sprechen, vgl. FACT SHEET, Employment, London o.J. (CRC).
[6] Von den moslemischen Asiatinnen sind z.B. nur 18 % im Alter von 16-55 Jahren berufstätig, bei den westindischen Frauen dagegen liegt der Anteil bei 75 %; vgl. BRIEFING PAPER.
[7] Hausfrauen, Studentinnen, Lehrerinnen.

vorher arbeitete es ohne staatliche oder behördliche Finanzierung. Die freiwilligen Helfer und Helferinnen werden für ihre Aufgabe sechs Wochen lang je einen Abend geschult. Darüber hinaus finden regelmäßige Treffen statt, um Erfahrungen auszutauschen und neues Lehrmaterial vorzustellen.

Heute gibt es in Leicester in dieser Heimsprachschule 140 freiwillige Helfer, daneben noch bezahlte Lehrer, die in lokalen Klassen kleinere Gruppen unterrichten. Insgesamt gibt es in Großbritannien über 70 solcher Zentren.

Neben diesen "Heimsprachschulen" nehmen die öffentlichen Büchereien bei der Sprachvermittlung einen breiten Raum ein. Das tun sie auf zweierlei Art: zum einen durch besondere Sprach- und Alphabetisierungskurse für ethnische Minderheiten, zum anderen durch Vorträge, Filmabende und Feste. Sie bieten darüber hinaus Bücher über die kulturellen Hintergründe der ethnischen Minderheiten an wie auch Bücher für die ethnischen Minderheiten in ihrer Landes- oder Volkssprache. Damit werden sie zu Kommunikationszentren der angestrebten multikulturellen Gesellschaft.

Ein drittes Sprachprogramm[8], das sich vorwiegend an Erwerbstätige richtet, wird von der "Industrial Language Unit" in Leicester angeboten. Es umfaßt speziell englische Sprachkurse für Immigranten.

Die Vereinigung, im Februar 1977 eingerichtet, wird heute zu 100 % von der Training Services Abteilung der Manpower Services Commission finanziert. Sie ist eine von 30 solcher Vereinigungen in Großbritannien, die alle in Gegenden mit einem hohen Anteil an ethnischen Minderheiten eingerichtet wurden. Die Einrichtung vermittelt speziell Anfangssprachkenntnisse für verschiedene Industriezweige. Dabei erstreckt sich der Anfangskurs auf die Vermittlung von Sprachkenntnissen in 4 Bereichen:

---

8 Vgl. IN-COMPANY LANGUAGE TRAINING, hrsg. vom Leicester Education Committee, Leicester o.J.

- Arbeitsplatz
- Soziales Umfeld
- Gesundheit und Sicherheit
- Vorgänge und Zusammenhänge im Betrieb.

Darüber hinaus gibt es weiterführende Kurse, in denen die Methode der Sprachvermittlung geändert wird - Rollenspiele, Gruppendiskussionen etc. - und Diskussion von den Teilnehmern zu führen sind. Hier werden gleichzeitig Kenntisse über Unternehmensstruktur, Vorgänge am Arbeitsplatz und deren Zusammenhänge, Funktionen der Angestellten usw. vermittelt. Spezielle Kurse für einzelne Gruppen, die weiter ausgebildet werden, ergänzen das Sprachprogramm.

Normalerweise umfassen die Kurse mindestens 60 Stunden und liegen entweder ganz oder zur Hälfte in der Arbeitszeit.

2.5 Bewertung

Ein den "Heimsprachschulen" vergleichbares Programm, bei dem die "Lehrer" die Sprache zu Hause vermitteln, gibt es bisher in der Bundesrepublik nicht, obwohl auch hier die Schwierigkeit besteht, türkische Mädchen und Frauen aus ihrer Isolation zu lösen und ihnen Zugang zu solchen Sprachkursen zu ermöglichen. Bisher gibt es nur Initiativen und sog. Sozialläden, die über das Angebot von Beratungsmöglichkeiten und z.B. Näh- und Kochkursen die ausländischen Frauen erreichen und ihnen die Anfangsgründe der deutschen Sprache sowie der Schrift beibringen. Diese Initiativen und gemeinnützigen Vereine werden zum größten Teil vom Staat finanziert, manchmal auch von Stiftungen.

Eine der Industrial Language Unit vergleichbare Einrichtung gibt es in der Bundesrpublik nicht, sie wird aber wegen des Anwerbestopps und der vielfältigen Kursangebote der Volkshochschulen und besonderen Intensivsprachkurse für nachgereiste Jugendliche auch nicht notwendig sein.

3. MASSNAHMEN ZUM ABBAU DER ARBEITSLOSIGKEIT ETHNISCHER MINDERHEITEN

3.1 Vorbemerkung

Die Rate der Arbeitslosen liegt bei den ethnischen Minderheiten in Großbritannien ebenfalls höher als bei der übrigen Bevölkerung. So stieg zwischen Februar 1975 und Februar 1977 die Gesamtzahl der Arbeitslosen um 80 %, die Zahl der arbeitslosen ethnischen Minderheiten aber um 134 %[1]. Die Rate der arbeitslosen Jugendlichen ethnischer Minderheiten im Alter von 18-24 Jahren lag im Februar 1977 bei 30,2 %[2]. Als Gründe für die hohe Arbeitslosigkeit werden folgende genannt[3]:

- relativ niedriger Schul- und Ausbildungsgrad
- mangelnde Kenntnisse der englischen Sprache
- mangelnde Fähigkeiten, sich der Umwelt und den - zum Teil sehr schlechten - Arbeitsverhältnissen anzupassen
- zu wenig Selbstvertrauen und das Gefühl, von vornherein diskriminiert zu werden.

Das führt dazu, daß ein Teil der Jugendlichen gar nicht erst versucht, einen Arbeits- oder Ausbildungsplatz zu erhalten, und die Möglichkeit von Trainingsangeboten, die ihnen den Zugang zum Arbeitsmarkt erleichtern sollen, gar nicht in Erwägung zieht oder annimmt.

---

1 Dies hängt zum Teil damit zusammen, daß die ethnischen Minderheiten vorwiegend in un- oder angelernten Berufen arbeiten. Nur 8 % der Arbeiter aus Westindien und Pakistan/Bangladesh, 20 % der Arbeiter aus Indien und immerhin schon 30 % der Arbeiter, die aus Afrika/Asien kommen, arbeiten im Angestellten- oder Beamtenverhältnis, verglichen mit 40 % der übrigen Bevölkerung. Zum Teil führt aber auch die hohe Konzentration bestimmter ethnischer Minderheiten in bestimmten Industriezweigen bei Rückgang dieser Industrien zu einer höheren Arbeitslosenrate. Es arbeiten beispielsweise 26 % Pakistaner in der Textilindustrie (vgl. Fact Sheet 3).
2 Vgl. ebenda.
3 Vgl. M.A. PEARN und J. MUNENE, Increasing Employability: An Evaluation of the Fullemployment Training Scheme, o.O. o.J.

3.2 Berufsvorbereitende Kurse und Anlernprogramme

Im Bereich der berufsvorbereitenden Kurse und der Anlernprogramme gibt es eine Reihe von Programmen, die alle von der Manpower Services Commission finanziert werden[4], und die die besondere Situation der Jugendlichen mit berücksichtigen. Eines der Programme, das Youth Opportunities Program (YOP), wurde 1978 bei der Manpower Services Commission (MSC) eingerichtet mit dem Ziel, jungen Arbeislosen die ersten Berufserfahrungen und -fähigkeiten (basic skills) zu vermitteln. Voraussetzung für die Teilnahme an einem solchen Kurs ist eine mindestens sechswöchige Arbeitslosigkeit. Das Programm umfaßt zwei Stufen; zuerst wird in einem 2- bis 4-Wochenkurs geprüft, welche Berufsneigungen der einzelne Jugendliche hat. Darauf folgt ein 12-Wochenkurs, der den Jugendlichen in den jeweils ausgesuchten Berufszweig einführt. Diese Kurse gibt es für die Berufssparten Maschinenbau, Bau, Lebensmittelhandel, Bekleidung, Tankstellendienst, öffentlicher Dienst usw.

In den Kursen werden auch Praktiken zur Bewältigung des täglichen Lebens vermittelt. Die ca. 6.000 angebotenen Plätze werden nicht alle in Anspruch genommen.

Das Programm geht davon aus, daß die Jugendlichen nicht gelernt haben, "bei der Stange" zu bleiben und daß sie keinerlei Berufserfahrung haben.

Die Jugendlichen werden zum Teil in z.B. von Selbsthilfegruppen eigens dafür eingerichteten Werkstätten angelernt, zum Teil aber in den ansässigen Unternehmen und Handelsbetrieben und der staatlichen Industrie. Die Jugendlichen erhalten zur Motivation ein Taschengeld und bekommen eventuelle Auslagen wie Fahrgeld innerhalb dieses berufsvorbereitenden Kurses bezahlt.

Ebenso beteiligt sich der MSC finanziell an allen Arten von Kosten, wie z.B. für die Werkstätten und Trainingseinrich-

---

[4] Finanzierungsumfang: 1000 Mio. ₤.

tungen, Pacht und Herrichtung von Werksgebäuden, Lehrmaterial und Einrichtung der Werkstätten. Firmen, die sich an den berufsvorbereitenden Kursen beteiligen, werden von der MSC beraten. Es besteht für sie keine Verpflichtung, nach abgeschlossener Maßnahme den Jugendlichen einen Arbeitsplatz zu bieten.

Eine andere Programmvariante sind short industrial courses, die auf spezielle Industriezweige ausgerichtet sind. Sie qualifizieren für angelernte Arbeit und vermitteln die Anforderungen der Arbeitswelt. In der Regel dauern die Kurse 13 Wochen und umfassen ein breites Angebot von Ausbildungszweigen. Die Kurse werden von Unterrichts- und Trainingszentren durchgeführt. Arbeitgeber, die sie in eigenen Gebäuden durchführen, erhalten dafür einen angemessenen finanziellen Ausgleich.

Ebenfalls als berufsvorbereitende Maßnahme werden Work Introduction Courses angeboten, die solchen Jugendlichen helfen sollen, denen aufgrund ihrer geringen Schulbildung andere Berufsausbildungsmöglichkeiten fehlen. Die durchschnittliche Dauer dieser Kurse beträgt 13 Wochen, kann aber bei denen, die langsam lernen, verlängert werden. Kurse dieser Art werden zum Teil von den Selbsthilfeinitiativen und verschiedenen Centren ethnischer Minderheiten durchgeführt und vom Staat finanziert.

Innerhalb des staatlichen Programms des Manpower Services Committee - MSC - werden auch Workshops gefördert.
Das Workshop-Trainings-Programm umfaßt z.B. Renovierung von Möbeln, einfache Holzarbeiten, Malen und Dekorieren, Grundtraining im Bau, Änderung von Kleidern, Ton- und Keramikarbeiten, Ackerbau. Es fördert also mehr die manuellen Fähigkeiten. Der MSC übernimmt die Kosten, verlangt wird aber ein jährlicher Bericht über die Arbeit. Beschäftigt werden als Betreuer und Ausbilder Leute, die vorher selbst arbeitslos waren und zur Zeit ihrer Einstellung auch als Arbeitslose registriert waren.

Workshops dieser Art gibt es für verschiedene Minderheiten, zum Beispiel "Harambee II" für junge West-Inder im Londoner Bezirk Hackney oder Hands-Worth Employment Group in Birmingham. Für Erwachsene - 19 Jahre und älter - werden vom MSC allgemeine Trainingskurse in Ausbildungszentren durchgeführt.

Ähnlich dem Youth Opportunities Program wurde im April 1978 das Special Temporary Employment Program (STEP) eingeführt. Bevorzugt aufgenommen werden die, die zwischen 19 und 24 Jahren alt und länger als 6 Monate arbeitslos sind, und die, die über 25 Jahre alt und mehr als 12 Monate arbeitslos sind. Mehr als die Hälfte aller arbeitslosen Erwachsenen fallen darunter. Auch dieses Programm wird von Selbsthilfeinitiativen und ethnischen Gemeinden durchgeführt[5]; es besteht die Möglichkeit, für die Gründungsphase einer Werkstätte vom MSC Geld zu erhalten.

3.3 Bewertung

Von der Intention her, Jugendlichen, die ohne fremde Hilfe keinen Arbeits- oder Ausbildungsplatz finden können, durch berufsvorbereitende Kurse den Einstieg zu erleichtern, ähneln sich die Programme in den 3 Ländern.

In Großbritannien werden - wie in den USA - diese Anlernkurse aber zum großen Teil von Selbsthilfeinitiativen der ethnischen Gemeinden durchgeführt und damit, da meist auch noch Trainer der eigenen Minderheit eingestellt werden, die Sprach- und Einstellungsbarriere der Eltern zu diesen Kursen abgebaut. Da aber die Zahl der arbeitslosen Jugendlichen sehr groß ist, ihr Bildungs- und Ausbildungsniveau hingegen sehr niedrig, scheinen die zum größten Teil nur etwa 3 Monate dauernden Kurse zu kurz zu sein, zumindest im Vergleich zu den berufsfördernden Kursen in der Bundesrepublik mit der

---

5 Z.B. vom Asian Resource Centre-Handsworth in Birmingham.

Dauer eines Jahres.

Die hauptsächlich von den Initiativen der ethnischen Minderheiten gebildeten Workshops erwecken mit ihrem Trainingsprogramm eher den Eindruck, daß es sich hier um den Versuch handelt, die Jugendlichen von der Straße zu holen und sie zu beschäftigen.

Daß es trotz eines gezahlten Taschengeldes nicht gelingt, die Jugendlichen, die schon länger arbeitslos sind, für die angebotenen Programme zu gewinnen - die angebotenen 6.000 Plätze sind nicht voll besetzt -, scheint ein Zeichen dafür zu sein, daß einerseits die Angebote nicht attraktiv genug, andererseits die Motivationslosigkeit und Lethargie der Jugendlichen ethnischer Minderheiten besonders groß sind.

4. MASSNAHMEN ZUR GEWERBEFÖRDERUNG

4.1 Vorbemerkung

Auch in Großbritannien ist die Nachfrage nach Arbeitsplätzen größer als das Angebot. Dies trifft besonders die ethnischen Minderheiten, da die Zahl der Arbeitsplätze für un- und angelernte Arbeiter zurückgegangen ist und gerade arbeitsplatzintensive Industrien wie z.B. die Textilindustrie sowohl rationalisiert als insgesamt auch geschrumpft sind.

Im Vergleich zu den USA - und auch der Bundesrepublik, mit der beschränkten Möglichkeit für Ausländer aus den Hauptanwerbeländern, ein Gewerbe zu betreiben -, ergibt sich bei den Neuzuwanderern aus dem New Commonwealth ein wichtiger Unterschied: während in den USA Mexikaner und Puertorikaner fast ohne Habe ins Land kommen, zum Teil sogar erst nur als Saisonarbeiter, bringen in Großbritannien die Immigranten aus den Ländern des New Commonwealth oft ein, wenn auch bescheidenes Startkapital mit. Sie waren vielfach schon in ihren Heimatländern Ladenbesitzer oder selbständige Gewerbetreibende, die von sich aus auswanderten oder - wie aus Uganda - vertrieben wurden. In Leicester z.B. gibt es ca. 800 Geschäfte und Restaurants, deren Inhaber zum großen Teil aus Uganda kommen[1]. In London sind es die Zyprioten, die mit Kleingewerbe, Läden und Restaurants ihren Lebensunterhalt verdienen. Vergleichbare Verhältnisse finden sich in den USA nur bei Angehörigen bereits etablierter Minderheiten.

Für die Frauen ethnischer Minderheiten spielt in Großbritannien die Heimarbeit eine wichtige Rolle, wobei Bezahlung und soziale Sicherung weit unter dem allgemeinen Niveau liegen. Gleiches gilt für die Jugendlichen der ethnischen Minderheiten, die in den Läden, Gewerbebetrieben und Restaurants ihrer Landsleute zwar einen Arbeitsplatz finden, oft aber unterbeschäftigt sind.

---

[1] Sie haben sich überwiegend in einer Straße, der Belgrave Road, angesiedelt; die Gegend wird deshalb von der Bevölkerung "Little Calcutta" genannt.

4.2 Beispiele für Gewerbeförderungsmaßnahmen

Eine der Maßnahmen zur Gewerbeförderung, die dem Transferteam vorgestellt wurden, ist schon im Kapitel Sprachprogramme mit den Ausführungen über die Industrial Language Unit dargestellt worden[2].

Eine andere Maßnahme zur Förderung, besonders der gewerbetreibenden ethnischen Minderheiten, stellt das 1977 im Londoner Stadtteil Hackney mit Mitteln der Stadtverwaltung und der Regierung eingerichtete Business Promotion Center dar. Das Center arbeitet nicht gewinnorientiert. Seine Aufgaben sind die kostenlose Förderung bestehender oder neuzugründender Geschäfte, die Beratung bei Geschäftserweiterung und -entwicklung und das Zurückholen gutgehender Industrien. Vorrangig werden die Geschäfte ethnischer Minderheiten unterstützt, die in den vergangenen Jahren mit dazu beigetragen haben, daß einige Gegenden nicht völlig verslumten.

Das Business Promotion Center arbeitet eng mit der Stadtverwaltung, den Gewerkschaften, der Handelskammer und anderen Organisationen zusammen. Marktanalysen und Arbeitsmarktforschung werden weitere Gebiete dieses Centers sein, um die Geschäftsleute besser beraten zu können und die Arbeitslosigkeit im Gebiet zu reduzieren.

4.3 Bewertung

Große Firmen in der Bundesrepublik haben ebenfalls Industriesprachprogramme für "ihre Gastarbeiter" entwickeln lassen (z.B. Siemens); dies geschah allerdings jeweils im Auftrag des Unternehmens, wurde von diesem selbst finanziert und erfolgte auch nur für die eigenen Beschäftigten. Solange die bisherigen gesetzlichen Regelungen und Verwaltungsvorschriften für die Ausübung eines Gewerbes in der Bundesrepublik

---

2 Vgl. Kap. 2 Nr. 2.4.

nicht erheblich gelockert werden, ist ein Business Promotion Center wie in Leicester überflüssig. Mit zunehmender Aufenthaltsdauer und der möglichen besseren rechtlichen Absicherung (bis hin zur Einbürgerung) wird ein solches Wirtschaftsberatungszentrum jedoch an Bedeutung gewinnen.

5. SOZIAL- UND GEMEINWESENARBEIT

5.1 Vorbemerkung

In Großbritannien sind die Beziehungen der einzelnen Bevölkerungsgruppen seit mehr als einem Jahrzehnt durch Gesetze geregelt[1], 1965 durch den Act to the Public Order und 1968 durch den Race Relations Act. Mit dem 1976 erlassenen Race Relations Act, der die beiden anderen Acts ersetzte, wurde die Grundlage für die Commission für Racial Equality (CRE) geschaffen.

Die Kommission besteht aus 15 Mitgliedern, die in den unterschiedlichsten Aufgabenbereichen tätig sind, z.B. soziale Dienste, Erziehung, Wohnraumversorgung, Gewerkschaften. 7 Mitglieder der Kommission sind Mitglieder ethnischer Minoritäten. Die Aufgaben der Kommission - in Artikel 43 des Gesetzes festgelegt - sind:

- auf die Eliminierung von rassischer Diskriminierung in allen Bereichen hinzuarbeiten,
- Chancengleichheit zu fördern und auf gute Beziehungen zwischen den Personen verschiedener rassischer Gruppen hinzuwirken.

Durch das Gesetz erhält die Commission for Racial Equality eine Reihe von Befugnissen, um ihre Aufgaben verfolgen zu können. So hat sie das Recht, formelle Untersuchungen durchzuführen; sie arbeitet dabei als quasi richterliche Instanz. Jedermann ist ihr zur Auskunft verpflichtet. Sie hat auf die Einhaltung der im Gesetz festgelegten Rechte zu achten, auch wenn es keinen unmittelbar Betroffenen oder Kläger gibt[2].

---

[1] In Großbritannien gibt es keine kodifizierte Verfassung wie das Grundgesetz in der Bundesrepublik Deutschland. Die Grundrechte der Bürger werden in sog. Staatsgrundgesetzen geregelt, in den meisten Fällen durch sog. Acts.

[2] In den letzten Jahren erreichten die CRE mehr als 600 Anzeigen über angebliche Diskriminierung im Bereich der Beschäftigung, aber nur in 8 Fällen wurde ein ungesetzliches Vorgehen von den Gerichten festgestellt.

Die CRE forscht selbst oder ist an Forschungsprojekten beteiligt, um z.B. mehr über die Probleme der älteren Menschen ethnischer Minderheiten, über bessere Erziehung, über die Bedürfnisse der unter 5-jährigen usw. zu erfahren. Die jetzt schon guten Beziehungen der CRE zu den ethnischen Minderheiten sollen noch weiter ausgebaut werden. Darüber hinaus ist es ihre Aufgabe, Organisationen, die für Chancengleichheit und gute Beziehungen der Bevölkerungsgruppen eintreten, zu beraten und finanziell zu unterstützen.

5.2 Community Relations Councils

Die Commission for Racial Equality arbeitet auf Landesebene. Auf Stadt- oder Kreisebene wurden in Gegenden mit einem hohen Anteil von ethnischen Minderheiten an der Gesamtbevölkerung Community Relations Councils (CRC's) eingerichtet. Das sind freiwillige Organisationen, die ebenfalls für Rassengleichheit eintreten. Finanziert werden sie von der Zentralregierung und den Stadt- oder Bezirksbehörden, so z.B. in dem Londoner Stadtteil Hackney, wo der Staat - durch den CRE - 13.000 Pfund und die örtliche Behörde 9.000 Pfund für die Arbeit der CRC bereitstellen. Darüber hinaus stellt die örtliche Behörde noch kostenlos Büroraum zur Verfügung sowie einen Zuschuß von 4.000 Pfund für Sonderausgaben. Im Londoner Stadtteil Haringey leistet der CRE 19.000 Pfund, während die lokale Behörde 16.000 Pfund und kostenlosen Büroraum gewährt. Insgesamt gibt es in Großbritannien etwa 100 CRC's, die zum Teil über einen Stab von mehr als 10 hauptamtlichen Mitarbeitern verfügen. Die Mitarbeiter sind meist Angehörige ethnischer Minderheiten, in einigen Fällen sind sogar die Leiter dieser CRC's Mitglieder ethnischer Minderheiten.

5.3 Staatliche Sozial- und Gemeinwesenarbeit

Im wesentlichen erfüllen die CRC's nur Beratungs- und Vermittlungsarbeit, leisten aber keine eigene Sozialarbeit. Diese wird entweder von den städtischen Behörden oder von Selbsthilfeorganisationen durchgeführt. Staatliche Sozialarbeiter sind von den Social Departments der Städte und Bezirke angestellt; eine ihrer Hauptaufgaben ist die Betreuung und Beratung ethnischer Minderheiten. Im Londoner Stadtteil Haringey z.B. stehen dafür 6 Mitarbeiter zur Verfügung. In Birmingham wurde sogar eine Abteilung in der Sozialbehörde eingerichtet, die die Aufgabe hat, mit Selbsthilfegruppen zusammenzuarbeiten und sie bei den Anträgen zur Finanzierung zu beraten.

5.4 Gemeinwesen- und Sozialarbeit durch Selbsthilfeorganisationen und -gruppen ethnischer Minderheiten

Von der Vielzahl der Initiativen und Selbsthilfegruppen, die sich für die einzelnen ethnischen Minderheiten engagieren, wurden der Transfergruppe in Birmingham zwei Beispiele vorgeführt. Das eine war das Asian Resource Centre, das - ausgehend von einer Einzelinitiative - vor 2 Jahren in dem Stadtteil Handsworth, einer Gegend mit den meisten sozialen Problemen in der Stadt, institutionalisiert wurde. Es hat 6 hauptamtliche Mitarbeiter, die von einer Vielzahl von freiwilligen Helfern unterstützt werden. Die Hilfsangebote dieses Centrums reichen von der Beratung über Sozialhilfe und Wohnungsprobleme, von Englischklassen für Frauen der asiatischen Minderheit, von muttersprachlichem Unterricht bis hin zu einem Jugendclub und einem Wohnheim für Jugendliche und Frauen, die in erheblichen Schwierigkeiten sind. Wöchentlich kommen etwa 200 Hilfesuchende. Gruppenberatung wird der Einzelberatung vorgezogen, und zwar in der Form, daß einer der Hilfesuchenden sein Problem darlegt, und dieses dann gemeinsam - von den Mitarbeitern des Zentrums ebenso wie von den anderen Hilfesuchenden - diskutiert wird.

Das Zentrum wird überwiegend von großen nationalen Stiftungen finanziert, die Sozialbehörde finanziert 10 % der Kosten. Zusätzliche Mittel - einmal aus dem Partnership-Programm, zum anderen aus dem Youth Opportunities Programm - ermöglichen es dem Zentrum, eine Leihbibliothek für ethnische Minderheiten und einen Workshop einzurichten.

Ein anderes Selbsthilfeprojekt in Birmingham ist "Harambee", ebenfalls im Stadtteil Handsworth. Dieses Selbsthilfeprojekt für Schwarze begann 1972 und hat heute 18 Mitarbeiter - teils Vollzeit-, teils Teilzeitangestellte - und ein Netz von freiwilligen Helfern. Auch hier umfaßt die Arbeit eine breite Palette von Angeboten, so ein Beratungszentrum und einen Buchladen, wo ethnische Minderheiten Literatur ihres Landes finden, beide von freiwilligen Helfern betreut. Daneben gibt es eine Kindertagesstätte für 30 Kinder, eine Herberge mit 20 Plätzen für Jugendliche, die vorübergehend untergebracht werden müssen, ein Ferienprojekt, wo Schulstoff nachgeholt wird, eine Wohnberatungsstelle und eine Wohnungsbaugesellschaft, die im kommenden Jahr 50 neue Häuser errichten wird.

Da es gerade auch für türkische Mädchen in der Bundesrepublik erhebliche Generations- und Integrationskonflikte gibt, soll hier noch beispielhaft die Arbeit des Walk-in-Center im Londoner Stadtteil Haringey dargestellt werden. Dieses Center - 1976 vom Council in zentraler Lage gekauft und zur Verfügung gestellt- ist ein für die in diesem Stadtteil sehr stark vertretenen zypriotischen Jugendlichen eingerichtetes Jugendzentrum mit einem Jugendclub, mit Beratungsangeboten und Unterbringungsmöglichkeiten, besonders für die zypriotischen Mädchen, die ihre Familie verlassen wollen, um von dieser z.B. nicht gegen ihren Willen verheiratet zu werden oder um sich selbständig eine Arbeit zu suchen. Sie werden hier über ihre Möglichkeiten aufgeklärt und auf die Folgen eines solchen Schrittes - Verstoß aus der Familie - hingewiesen und, soweit nötig, auch vorübergehend beherbergt. 3/4 der Gelder erhält das Zentrum von der Regierung, 1/4 von der lokalen Verwaltung.

5.5 Bewertung

Ebenso wie in den USA haben die Immigranten zwar einen rechtlich viel besseren Status als die 'Gastarbeiter' in der Bundesrepublik, die Arbeitslosigkeit liegt aber auch hier höher, und die Aufstiegschancen für Ausländer sind trotz zum Teil viel längerer Anwesenheit nicht günstiger. Auch hier ist das soziale Engagement der ethnischen Minderheiten sehr hoch[3]. Im Unterschied zu den USA erhalten diese überwiegend staatliche Gelder. Bemerkenswert ist die Einrichtung der CRC's, die die ethnischen Selbsthilfeorganisationen beraten und betreuen. Damit wird sichergestellt, daß ein hohes Engagement nicht aufgrund von fehlenden Kenntnissen z.B. über Finanzierungsmöglichkeiten etc. verlorengeht. Notwendige Kontakte mit anderen Einrichtungen und ein kontinuierlicher Erfahrungsaustausch - beides durch die Arbeit der CRC's sichergestellt - erleichtern den Selbsthilfeorganisationen die Arbeit.

---

[3] Im Stadtteil Hackney gibt es 20 verschiedene Selbsthilfeeinrichtungen der ethnischen Minderheiten.

6. POLITISCHES ENGAGEMENT UND WAHLBETEILIGUNG ETHNISCHER MINDERHEITEN

6.1 Niedrige Wahlbeteiligung

Als britische Bürger können die Angehörigen ethnischer Minderheiten - wie in den USA - das aktive und passive Wahlrecht ausüben. Aber ebenso wie in den USA ist auch hier - trotz des hohen gesellschaftlichen Engagements für ihre Landsleute durch Selbsthilfeinstitutionen und -gruppen - die Wahlbeteiligung relativ niedrig; nur ein Drittel all derer, die wählen könnten, nutzen dieses Recht bei Gemeinde- bzw. Bezirkswahlen. Ein Problem ist dabei die Schwierigkeit, die ethnischen Minderheiten zu veranlassen, sich für die Wahlen registrieren zu lassen. Eine Untersuchung der Community-Relations-Commission in sieben Wahldistrikten im Oktober 1974 fand heraus, daß sich 37 % der aus Afrika/Karibik und 27 % der aus Asien Stammenden nicht in die Wahllisten eingetragen hatten im Vergleich zu 6 % der "weißen" Bevölkerung[1].

6.2 Wahl eigener Kandidaten und politisches Engagement

Obwohl ethnische Minderheiten in einigen Gebieten zusammenwohnen und damit mehr Stimmen auf sich vereinigen als die übrige Bevölkerung in diesem Gebiet, reichen - bedingt durch die niedrige Wahlbeteiligung - die Stimmen nur selten aus, Vertreter der jeweils eigenen Gruppe zu wählen[2].

Auf Landesebene gab es bisher noch keinen Repräsentanten der ethnischen Minderheiten, bei den letzten Wahlen kandidierten zwei Vertreter der asiatischen und zwei der westindischen Gemeinden.

---

[1] Siehe NEW SOCIETY, April 1979: The black, brown and green votes.
[2] In Haringey sind allerdings Vertreter der zypriotischen und der westindischen Gemeinde im Rat, wobei die zypriotische Gemeinde 20.000 Einwohner umfaßt und die westindische fast 30.000.

Obwohl sich die politischen Verhältnisse ihrer Herkunftsländer nicht auf die Wahlen in Großbritannien auswirken[3], werden bei politischen Ereignissen in den Herkunftsländern von den ethnischen Gruppen Demonstrationen organisiert, eine für alle Bürger in Großbritannien legitime Form des Protestes.

6.3 Nationale Front und Anti-Nazi-League

Es hat sich in Großbritannien eine Partei gebildet, die sich Nationale Front nennt. Sie versucht, mit ihren Äußerungen und rassistischen Programmen Stimmung gegen die ethnischen Minderheiten zu machen, und fordert eine konsequentere Kontrolle der nachgereisten Familienangehörigen. Sie verstößt damit zwar gegen den Race Relations Act, hat aber trotzdem erheblichen Zulauf. Inzwischen hat sich 1978 die Anti-Nazi-League gebildet, die versucht, mit Demonstrationen gegen die Nationale Front zu arbeiten. Sie publizieren Fälle, in denen die Nationale Front rassistische Aktivitäten gegen die Schulkinder ethnischer Minoritäten unternommen hat. Die Behörden stellen zwar inzwischen der Nationalen Front keine Versammlungsräume mehr zur Verfügung, können aber die Aktivitäten und den Zulauf der Bevölkerung zu dieser Partei nicht verhindern.

6.4 Bewertung

Auch hier zeigt sich, daß - wie auch in den USA - das Wahlrecht allein noch kein hohes politisches Engagement der ethnischen Minderheiten zur Folge hat. Die niedrige Beteiligung an der Registrierung und den Wahlen läßt auch hier vermuten, daß die Bewältigung des täglichen Lebens keinen Raum für ein politisches Engagement übrig läßt. Ob die Tatsache, daß politische Querelen der Herkunftsländer keine Auswirkungen auf

---

3 Die meisten ethnischen Minoritätengruppen wählen überwiegend Labour-Party, siehe ebenda.

politische Gruppen und Parteien haben, darauf beruht, daß die Immigranten britische Bürger sind und sich auch als solche fühlen, läßt sich nicht beweisen.

Inwieweit sich ein weiterer Stimmenverlust der Nationalen Front durch die Gegenaktivität der Anti-Nazi-League bewirken läßt, wird nicht unerheblich von der Landespolitik und dem Arbeitsmarkt abhängen.

7. WOHNUNGSPOLITIK UND MASSNAHMEN ZU WOHNUNGS- UND WOHNUMFELDVERBESSERUNGEN IN STÄDTEN MIT EINEM HOHEN ANTEIL AN ETHNISCHEN MINDERHEITEN

7.1 Vorbemerkung

Der Wohnungsmarkt in Großbritannien weist ebenfalls einige charakteristische Unterschiede im Vergleich zu dem der Bundesrepublik auf. Auch hier ist, selbst in den innerstädtischen Altbauquartieren, ein hoher Anteil von ein- bis zweigeschossigen Häusern, die von einem oder mehreren Haushalten bewohnt werden, anzutreffen. Der Anteil an Eigenheimen bzw. Eigentumswohnungen ist stetig gewachsen und lag 1976 bei 55 %. Zahlen aus dem Jahr 1974 zeigen, daß viele Haushalte ethnischer Minderheiten eigene Häuser besitzen, so 50 % der Westinder und 76 % aus asiatischen Ländern im Vergleich zu 54 % der Gesamtbevölkerung. Auch der Anteil an gemeindeeigenen Wohnungen ist in den letzten Jahren angestiegen, er lag 1976 bei 30 %. Hier zeigt sich ebenfalls ein Unterschied zwischen den ethnischen Minderheiten aus Asien und Westindien, und zwar ein im Vergleich zum eigenen Hausbesitz umgekehrtes Verhältnis. 4 % der Familien aus Asien und 26 % derer aus Westindien wohnen in gemeindeeigenen Miethäusern im Vergleich zu 40 % der Gesamtbevölkerung. Der Anteil an privat vermieteten Wohnungen ist mit der Zunahme an Eigenheimen und an gemeindeeigenen Wohnungen zurückgegangen. Unterschiede zwischen den Bevölkerungsgruppen sind hier nicht so deutlich. So wohnten 1974 24 % der Westinder, 19 % aus Asien Stammender und 17 % der Gesamtbevölkerung in Wohnungen, die privat vermietet wurden.

Allerdings sagt der hohe Anteil an Eigenheimen bei den ethnischen Minderheiten noch nichts über die Qualität ihrer Wohnungen aus. Da ca. 70 % der ethnischen Minderheiten in ihrer Heimat ein eigenes Haus besaßen, ist dies auch hier - zumindest bei der 1. Generation - ihr Ziel. Um diesen Kauf aber finanzieren zu können, kaufen oft zwei Familien zusammen ein Haus[1], meist Altbau, z.B. in Leicester, wo die Wohngebäude

---

[1] 20 % der Haushalte aus dem New Commonwealth wohnen in geteilten Wohnungen.

überwiegend vor 1914 gebaut wurden.

Das führt zu einer erheblichen Überbelegung der Wohnungen. So teilen sich bei 34 % der westindischen und 41 % der asiatischen Haushalte zwei oder mehr Personen ein Zimmer, verglichen mit 11 % der übrigen Bevölkerung[2]. Auch die Ausstattung der Wohnung mit Bad, Heißwasser und Innentoilette liegt bei den ethnischen Minderheiten weit unter dem allgemeinen Niveau. So haben 33 % der Wohnungen der Familien aus Westindien, 57 % der Wohnungen derer aus Pakistan und Bangladesch, 35 % der Wohnungen derer aus Indien und 31 % der Wohnungen derer aus Afrika/Asien kein Bad, kein Heißwasser und keine Innentoilette; dies ist bei nur 18 % der Gesamtbevölkerung der Fall[2].

Da die ethnischen Minderheiten geballt zusammenwohnen - 70 % der "schwarzen" Bevölkerung konzentriert in 10 % der "enumeration districts" - führt das zu Gebieten mit hohem Ausländeranteil, hoher Arbeitslosigkeit, niedrigeren Einkommensgruppen usw. Die ebenfalls in den 50er und 60er Jahren favorisierte Politik des Neubaus in Stadtrandgebieten und die Vernachlässigung der innerstädtischen Gebiete führten zu dem gleichen Erscheinungsbild wie in den USA.

7.2 Allgemeine Wohnungspolitik

Erstmals 1969 und dann noch einmal 1974 wurde in Wohnungsbaugesetzen (Housing-Acts) nach der vorhergehenden innerstädtischen Flächensanierung die Förderung der Instandsetzung und Modernisierung von Wohngebieten in schlechtem Zustand festgelegt. Die Gemeinden wurden zunächst ermächtigt, nach bestimmten Kriterien Erneuerungsgebiete als General Improvement Areas (GIA) bzw. Housing Action Areas (HAA) festzulegen. Mit Hilfe öffentlicher Zuschüsse[3] zu den Instandsetzungs- und Modernisierungsmaßnahmen sollen die Hauseigen-

---

[2] Zahlen aus der Volkszählung 1971, vgl. FACT SHEET 2, Housing, London o.J. (CRC).
[3] 60 % der Kosten bei Gesamtkosten bis zu 5.000 £ bei GIA's, 75 % der Kosten bei den HAA's.

tümer (Einzeleigentümer, Bewohnerkooperativen oder Wohnungsbauvereine) zu Erneuerungsinvestitionen angeregt werden. Auch für die Wohnumfeldverbesserung werden staatliche Zuschüsse gewährt. Bürgerbeteiligung bei beiden Programmen ist ebenfalls durch die beiden Gesetze vorgeschrieben worden.

Da auf die Instrumente und Maßnahmen, die überwiegend Gebiete mit hoher Konzentration ethnischer Minderheiten erfassen, ausführlich in Teil 1 dieser Veröffentlichungsreihe eingegangen wird[4], kann hier auf eine detaillierte Darstellung verzichtet werden.

Hingewiesen sei jedoch auf die Wohnberatungsstellen, die vor allem in Gebieten mit einem hohen Anteil von ethnischen Minderheiten angesiedelt sind. Diese Wohnberatungsstellen klären die Bewohner über ihre Rechte und Pflichten auf, sind zuständig für Mietüberprüfungen, beraten die Bewohner bei Umzugswünschen und informieren über die Bedingungen für Zuschüsse aus öffentlichen Mitteln bei Renovierungsvorhaben.

7.3 Politik der Entballung

Im folgenden soll auf die mehrere Jahre lang von der Stadt Birmingham praktizierte Politik der Entballung ethnischer Minderheiten eingegangen werden[5].

Im Mai 1968 wurden auf einer Konferenz der Chief Officers und des Committee Chairmen in Birmingham Probleme diskutiert, die sich aufgrund der Zuwanderung und konzentrierten Ansiedlung ethnischer Minderheiten in den Infrastrukturbereichen
- Schule, Sozialdienste, Wohnungsmarkt - ergeben hatten. In einem daraus resultierenden Bericht wurde dargelegt, daß durch den Aufenthalt von 82.000 Personen aus Westindien und Asien in der Stadt zusätzliche Mittel und Personal - finanziert durch die Regierung - in den Infrastrukturbereichen

---

4 Siehe HEINZ.
5 Vgl. hierzu: HAZEL FLETT, JEFF HENDERSON und BILL BROWN, The Practise of Racial Dispersion Birmingham 1969-75, in: Journal of Social Policy, Vol. 8 (1979).

benötigt würden und dies nur durch eine Politik der Entballung von Gebieten mit hohem Anteil ethnischer Minderheiten vermieden werden könnte. Als weitere Vorteile dieser Politik wurden eine erleichterte Integration und die Verbesserung der Wohnverhältnisse der "schwarzen" Bevölkerung genannt. Der Bericht wurde mit seinen Empfehlungen von der Stadtverwaltung verabschiedet, auch die Oppositionspartei stimmte zu. Proteste einer Gruppe einheimischer Mieter in Form von angedrohten Mieterstreiks im Februar 1969 wurden vom Vorsitzenden des Housing Committees abgewiesen mit der Argumentation, die Beschwerde basiere auf rassistischen Vorurteilen. Die im Sommer 1969 von der Birminghamer Wohnungsbehörde institutionalisierte Politik der Entballung wurde von überall her unterstützt und als Mittel zur Verbesserung der Wohnverhältnisse, zur Erleichterung der Integration, zur Verminderung der Belastung der Infrastruktur angesehen.

Zur Verteilung der schwarzen Bevölkerung wurde eine Vergabepflicht festgelegt, bei der jeweils - aber auch maximal - eine von 6 Wohnungen an "Schwarze" gegeben wurde. Das Verfahren wurde so gehandhabt, daß die Wohnungsbehörde Informationskarten über jedes Haus hatte, so daß sie jeweils das 6. Haus oder die 6. Wohnung mit Leuten aus dem New Commonwealth besetzte. 1975, also 6 Jahre nach dem Beginn der Verteilungspolitik, wies die Wohnungsbehörde schriftlich einer irischen Frau ein Haus zu. Da aber ihr Mann aus Jamaika kam, wurde das Angebot zurückgezogen. Dieser Fall kam vor den Race Relations Board, der entschied, daß diese "zwangsweise" Verteilungspolitik diskriminierend sei und dem Race Relations Act von 1968 widerspreche. Im Oktober 1975 wurde deshalb die Entballungspolitik aufgehoben.

Aufgrund statistischer Daten läßt sich nachweisen, daß diese zwangsweise Verteilungspolitik wirklich eine Entballung der meistbelasteten Innenbezirke und eine Verteilung auf Außengebiete bewirkt hat. So stieg der Anteil der "schwarzen" Bevölkerung in Stadtrandgebieten in Neubauten von 1971 20 %

auf 1974 44 %, fiel allerdings bis 1976 wieder auf 30 %.

7.4 Bewertung

Die Struktur der Wohngebäude und die Verslumung der Innenstädte ähneln sich in den USA und Großbritannien sehr. Allerdings sind in Großbritannien staatliche Eingriffe in den Wohnungssektor durch den hohen Anteil des kommunalen Wohnungsbestandes - wie auch in der Bundesrepublik - viel eher möglich. Daraus läßt sich auch die Möglichkeit der Verteilung ethnischer Minderheiten aus innerstädtischen Gebieten erklären, eine Maßnahme, die z.B. in Berlin in ähnlicher Weise versucht wird, indem die Vergabe von Mitteln für den sozialen Wohnungsbau an die Bedingung geknüpft ist, 10 % der Wohnungen an Ausländer zu vergeben[6]. Inwieweit diese Maßnahme in Berlin auf den Protest der deutschen Bevölkerung stoßen wird, läßt sich heute noch nicht absehen. Allerdings liegt der Anteil der Wohnungen, in denen Ausländer im gemeinnützigen und sozialen Wohnungsbestand wohnen, jetzt schon bei fast 10 %, wobei damit alle in Berlin lebenden Ausländer erfaßt sind und nicht nur die aus den Hauptanwerbeländern.

Größere Bedeutung kommt aber den Modernisierungs- und Instandsetzungsmaßnahmen, besonders der Innenstadtgebiete, zu. Hier unterscheiden sich die beiden Länder in der Höhe der Ausstattungsstandards, die bei Modernisierungsmaßnahmen vorgenommen werden. In Großbritannien ist allerdings der Standard bei Erneuerungsmaßnahmen sehr niedrig, es ist fraglich, ob die angestrebte Restnutzungsdauer von 30 Jahren erreicht werden kann. Nachahmenswert ist sicherlich der Wohnungsbauverein, der in Birmingham die Selbsthilfeeinrichtung Harambee trägt, ein Beispiel für eine zwar staatlich geförderte Maßnahme, die jedoch von den Minderheiten selbst verwaltet und für diese vorgenommen wird.

---

6 Siehe LEITLINIEN UND NEUE MASSNAHMEN.

KAPITEL 3

GESAMTBEURTEILUNG

1. Ethnische Minderheiten in den USA und Großbritannien gibt es schon lange. Sie sind - wie die "Gastarbeiter" in der Bundesrepublik - überwiegend aus wirtschaftlichen Gründen gekommen; teilweise wurden sie direkt angeworben.

2. Ethnische Minderheiten in den USA und Großbritannien haben - wenn sie nicht illegal dort leben - die Staatsbürgerschaft (citizenship bzw. residentship) und das aktive und passive Wahlrecht.

3. Ethnische Minderheiten können in den USA und Großbritannien - wie die übrige Bevölkerung - alle sozialen Leistungen bis hin zur Sozialhilfe in Anspruch nehmen.

4. In allen drei Ländern gehören die ethnischen Minderheiten zur sozialen Unterschicht, sie üben überwiegend un- oder angelernte Tätigkeiten aus.

5. Ebenso leben in allen drei Ländern die ethnischen Minderheiten überwiegend geballt zusammen, meist in innerstädtischen Gegenden mit schlechtem Wohnbestand und mangelhaften Wohnumfeldbedingungen.

6. Ein dem Anwerbestopp und dem Ausländerrecht ähnliches arbeitsmarktpolitisches Steuerungsinstrument - wie in der Bundesrepublik - gibt es in den beiden anderen Staaten nicht.

7. Die Arbeitslosenquoten der ethnischen Minderheiten liegen deshalb in den USA und Großbritannien erheblich über denen der übrigen Bevölkerung, in der Bundesrepublik ist das bisher nur bei den ausländischen Jugendlichen - wenn auch noch nicht im gleichen Ausmaß wie in den USA und Großbritannien - der Fall.

8. Im Gegensatz zu den föderativ organisierten Staaten USA und Bundesrepublik, bei denen die Länderinstanzen zwischen Zentralregierung und Gemeinden geschaltet sind, kann in Großbritannien die für das gesamte Staatsgebiet zuständige Zentralregierung Mittel und Anweisungen direkt an die Gemeinden geben.

9. Maßnahmen für ethnische Minderheiten wurden in Großbritannien und der Bundesrepublik überwiegend vom Staat und von den Gemeinden bzw. Ländern finanziert. In den USA spielt die Finanzierung der Maßnahmen für ethnische Minderheiten durch Stiftungen eine sehr große Rolle.

10. Bei den Maßnahmen für ethnische Minderheiten sind in den USA und Großbritannien Vertreter dieser Minderheiten selbst engagiert und an der Durchführung der Maßnahmen beteiligt. Das gilt in Großbritannien besonders für den Sozialbereich, in den USA auch für den Wirtschaftsbereich.

11. Sozialarbeit der ethnischen Selbsthilfeorganisationen umfaßt in den USA und Großbritannien nicht nur Beratung und Betreuung, sie berücksichtigt und fördert auch die kulturelle Identität.

12. Durch den hohen Anteil der ethnischen Minderheiten am Wohnungseigentum in den USA und Großbritannien ist eine direkte Förderung der ethnischen Minderheiten bei Modernisierungs- und Instandsetzungsmaßnahmen möglich; ein Verdrängungseffekt durch eine durch die Modernisierung gestiegene Miete ist ausgeschlossen.

13. Allerdings sind in Großbritannien und der Bundesrepublik im Vergleich zu den USA durch den weit höheren Anteil von öffentlichen Wohnungen Steuerungsmöglichkeiten zur Umverteilung gegeben, die zumindest teilweise in der Bundesrepublik genutzt werden, um einer weiteren Konzentration entgegenzuwirken und langfristig eine Entballung zu erreichen.

14. In allen drei Ländern ist die Flächensanierung zugunsten einer kleinräumigeren Sanierung und einer Verbesserung der Wohnsubstanz durch Modernisierung und Instandhaltung aufgegeben worden.

15. In den USA und Großbritannien werden nicht nur die Wohnungen verbessert, sondern auch die Wohnumfeldbedingungen.

16. Selbsthilfeorganisationen der ethnischen Minderheiten sind in den USA und Großbritannien in den Problemgebieten, also wohnungsnah, vom Staat angesiedelt bzw. haben sich dort niedergelassen. Dies trifft bei den Beratungs- und Betreuungseinrichtungen der Wohlfahrtsverbände in der Bundesrepublik nicht immer zu.

17. Selbsthilfeorganisationen in Großbritannien und den USA versuchen die Kontakte zu anderen ethnischen Minderheiten und der übrigen Bevölkerung zu fördern.

18. Bikulturelle Erziehung in den USA wird zwar von den ethnischen Minderheiten selbst gefordert, die Bildungssituation der betroffenen Schüler hat sich aber dadurch nicht wesentlich verbessert. Der Ansatz der multikulturellen Erziehung - wie er in Großbritannien begonnen wird - fördert eher das Zusammenleben der verschiedenen Bevölkerungsgruppen.

19. Sprache ist das wichtigste Verbindungsglied und die Grundlage überhaupt, um die Schule erfolgreich zu durchlaufen und einen Arbeitsplatz zu finden. Intensivkurse, die die Schüler befähigen, sobald wie möglich in die Regelklassen eingegliedert zu werden und dem "normalen" Unterricht zu folgen, bauen am ehesten die Benachteiligung der Schüler ethnischer Minderheiten ab.

20. Sprachkurse für Erwachsene der ethnischen Minderheiten werden in allen drei Ländern durchgeführt, teils rein berufsorientiert, teils, um ethnischen Minderheiten über-

haupt das Eingewöhnen zu erleichtern und das Leben im fremden Land näher zu bringen. Sprachkurse, die auf die spezielle kulturelle und familiengebundene Stellung der Frauen und Mädchen ethnischer Minderheiten eingehen, sollten dabei auch in den USA und der Bundesrepublik eingeführt bzw. verstärkt werden.

21. Berufsvorbereitende Maßnahmen, gerade für Jugendliche ethnischer Minderheiten, sind bei deren "handicaps" von großer Bedeutung; ob sie allerdings ausreichen - zumal, wenn sie nur relativ kurz sind und nur die Anfangskenntnisse für einen Beruf vermitteln -, ist fraglich. Noch spielt die Frage der Motivation zur Arbeit bei den ausländischen Jugendlichen in der Bundesrepublik keine Rolle, mit zunehmender Arbeitslosigkeit könnte sich allerdings dies auch ändern.

22. Gewerbeförderungsmaßnahmen betreffen in der Bundesrepublik nur indirekt die ausländischen Arbeitnehmer. Solange es die Steuerung über das Ausländerrecht gibt und den Ausländern nur unter bestimmten Voraussetzungen die Gewerbeerlaubnis erteilt wird, kommt den in den USA und Großbritannien angetroffenen Wirtschaftsförderungsmaßnahmen wenig Bedeutung zu. Erwähnt sei hier allerdings, daß die Bundesregierung die Industrieansiedlung in den Heimatländern fördert (so in der Türkei und Griechenland) und hier neben Krediten auch Beratung zur Verfügung stellt.

23. Beeindruckend ist die Vielfalt der Selbsthilfeorganisationen und -gruppen in der Sozial- und Gemeinwesenarbeit in den USA und Großbritannien. Hier liegt auch ein wesentlicher Ansatz zur Erhaltung und Förderung der kulturellen Identität. Die Breite des Angebots der Selbsthilfeorganisationen an Diensten für die ethnischen Minderheiten zeigt aber zugleich auch die Fülle der Probleme in beiden Ländern.

24. Trotz des vollen Bürger- und Wahlrechts ist die Wahlbeteiligung der ethnischen Minderheiten in den USA und Großbritannien sehr niedrig; soziale und gesellschaftliche Unsicherheit und politisches Engagement scheinen sich also weitgehend auszuschließen.

25. Trotz der besseren rechtlichen Stellung der ethnischen Minderheiten in den USA und Großbritannien gehören sie zum großen Teil zu den benachteiligten Bevölkerungsgruppen. Sozialer Aufstieg ist nicht ein Prozeß von einigen Jahren, sondern eine langfristige, mühsame Entwicklung. Ein Mehr an Mitteln und Personal für die ethnischen Minderheiten in allen Bereichen ist unbedingt nötig, da nicht nur der Unterschied in Bildung und Ausbildung, sondern vor allem auch der kulturelle Unterschied zu überbrücken ist.

Nur die Möglichkeit, sozial auch aufzusteigen und aus der Unterprivilegierung herauszukommen, wird die bestehende Benachteiligung abbauen und dazu führen, daß ethnische Minderheiten gleichberechtigte Bürger werden.

LITERATUR

DIE ZWEITE AUSLÄNDERGENERATION, Teil II, Köln 1980 (DST-Beiträge zur Bildungspolitik, H. 12).

BERICHT ZUR LAGE DER AUSLÄNDER IN BERLIN, hrsg. vom Regierenden Bürgermeister von Berlin, Berlin 1978.

BONUTTI, KARL, und GEORGE PRPIC, Selected Ethnic Communities of Cleveland. Socio-economic Study, 2. Aufl. Cleveland 1977.

BRIEFING PAPER: Ethnic Minorities in Britain, London o.J.

TRINATIONAL CITIES PROJECT. Berichte über die Transfer-Reise zum Thema "Integration ethnischer Minderheiten in Städten der U.S.A. (Cleveland, Los Angeles, Lynwood) und Großbritanniens (London, Leicester, Birmingham), Berlin 1979 (Deutsches Institut für Urbanistik) (unveröffentlicht).

CLEVELAND PROFILE, hrsg. vom Greater Cleveland Interchurch Council, Cleveland 1978.

ERNEUERUNG INNERSTÄDTISCHER PROBLEMGEBIETE. Ein Drei-Länder-Vergleich: Bundesrepublik Deutschland, Großbritannien, USA. Tl. 1: Werner Heinz, Selbsthilfe und Bürgerbeteiligung im Rahmen der Wohnraum- und Wohnumfeldverbesserung, Berlin 1980 (Deutsches Institut für Urbanistik).

ERNEUERUNG INNERSTÄDTISCHER PROBLEMGEBIETE. Ein Drei-Länder-Vergleich: Bundesrepublik Deutschland, Großbritannien, USA. Tl. 2: Sigmar Gude, Flexible Finanzzuweisungen für die Stadterneuerung, Berlin 1980 (Deutsches Institut für Urbanistik).

FACT PAPER 1, The Basic Figures, London 1977 (Community Relations Council).

FACT SHEET 1, Immigration, London o.J. (Community Relations Council).

FACT SHEET 2, Housing, London o.J. (Community Relations Council).

FACT SHEET 3, Employment, London o.J. (Community Relations Council).

FLETT, HAZEL, JEFF HENDERSON und BILL BROWN, The Practise of Racial Dispersion Birmingham 1969-75, in: Journal of Social Policy, Vol. 8 (1979).

KÄSTNER, HARALD, Unterricht für ausländische Kinder und Jugendliche in der Bundesrepublik Deutschland, in: Zeitschrift für Kulturaustausch, H. 3 (1977), S. 27-35.

IN-COMPANY LANGUAGE TRAINING, hrsg. vom Leicester Education Committee, Leicester o.J.

LEITLINIEN UND NEUE MASSNAHMEN ZUR AUSLÄNDERINTEGRATION IN BERLIN, hrsg. vom Regierenden Bürgermeister von Berlin, Berlin 1979.

LEITLINIEN UND NEUE MASSNAHMEN ZUR AUSLÄNDERINTEGRATION UND DEREN DURCHFÜHRUNG, Drucksache des Abgeordnetenhauses von Berlin 8/428 vom 2.6.1980.

MILLER, GAIL, Bilingual Education, in: American Teacher, März 1979.

MOORE, JOHN, Bericht aus amerikanischer Sicht: TRIP REPORT: Cleveland, Los Angeles, Lynwood, in: Trinational Cities Project. Berichte über die Transfer-Reise zum Thema "Integration ethnischer Minderheiten in Städten der U.S.A. (Cleveland, Los Angeles, Lynwood) und Großbritanniens (London, Leicester, Birmingham), Berlin 1979, Anhang 1 (Deutsches Institut für Urbanistik) (unveröffentlicht).

PEARN, M.A., und J. MUNENE, Increasing Employability: An Evaluation of the Fullemployment Training Scheme, o.O. o.J.

SPIESS, U., Rechtsprobleme ausländischer Arbeitnehmer als Folge staatlicher Ausländerpolitik, Berlin 1980 (Wissenschaftszentrum Berlin, discussions-papers series).

WEITERENTWICKLUNG DER AUSLÄNDERPOLITIK. Beschlüsse der Bundesregierung vom 19. März 1980, Bonn 1980.

Veröffentlichungen des Deutschen Instituts für Urbanistik

● **Schriften des Deutschen Instituts für Urbanistik**

Kommunale Wirtschaftsförderung
Ein Vergleich: Bundesrepublik
Deutschland — Großbritannien
Hrsg. von Renate Mayntz
Bd. 69. 1981. Ca. 180 S. Tab.
Kart. Ca. DM 38,—
ISBN 3-17-007051-7

Organisation kommunaler Sozialarbeit
Eine Fallstudie
Von Klaus Wagner
Bd. 68. 1981. Ca. 250 S. Abb.
Kart. Ca. DM 40,—
ISBN 3-17-005894-0

Bürger und Eliten in der Kommunalpolitik
Von Klaus Arzberger
Bd. 67. 1980. 181 S. Abb. Kart. DM 32,—
ISBN 3-17-005893-2

Selbstverwaltung in Hamburg
Geschichte, Struktur und Funktionen der Hamburger Bezirksversammlungen.
Bd. 66. 1980. Ca. 250 S. Tab.
Kart. DM 39,—
ISBN 3-17-005892-4

Leistungsprinzip und Leistungsverhalten im öffentlichen Dienst
Hrsg. von Hans-Wolfgang Hoefert,
Christoph Reichard
Bd. 64. 1979. 248 S. Abb. Kart. DM 39,—
ISBN 3-17-005487-2

Milieu in der Stadt
Ein Konzept zur Analyse älterer Wohnquartiere
Von K. Dieter Keim
Bd. 63. 1979. 179 S. Tab. Fotos
Kart. DM 36,—
ISBN 3-17-005237-3

Stadtflucht
Instrumente zur Erhaltung der städtischen Wohnfunktion und zur Steuerung von Stadt-Umland-Wanderungen
Von Hans Heuer, Rudolf Schäfer
Bd. 62. 1978. 235 S. Tab. Fotos
Kart. DM 32,—
ISBN 3-17-005025-7

Regionalplanung in Hessen
Ein Beitrag zur empirischen Planungsforschung
Von Jochen Schulz zur Wiesch
Bd. 60. 1977. 278 S. Abb. Tab. Karten
Kart. DM 30,—
ISBN 3-17-004172-X

Gropiusstadt: Soziale Verhältnisse am Stadtrand
Soziologische Untersuchung einer Berliner Großsiedlung
Hrsg. von Heidede Becker,
K. Dieter Keim
Bd. 59. 1977. 375 S. Abb. Tab. Fotos
Kart. DM 32,—
ISBN 3-17-002992-4

Reformprobleme im Kommunalverfassungsrecht
Von Michael Borchmann,
Emil Vesper
Hrsg. und mit einer Einleitung von
Günter Püttner
Bd. 58. 1977. 269 S. Kart. DM 26,—
ISBN 3-17-004016-2

Bodenwert und Städtebaurecht
Grundlagen der Konstruktion und der verfassungsrechtlichen Beurteilung von Konzeptionen zur Erfassung städtebaulich bedingter Bodenwertsteigerungen
Von Heinz Janning
Bd. 56. 1976. 517 S. Kart. DM 22,—
ISBN 3-17-002891-X

Infrastrukturinvestitionen in Großstädten
Probleme und Möglichkeiten der Optimierung von konsumtiven Infrastrukturinvestitionen
Von Rainer Knigge
Bd. 52. 1975. 308 S. Abb. Kart. DM 18,—
ISBN 3-17-002599-6

Lokale Öffentlichkeit
Eine gemeindesoziologische Untersuchung
Von Henning Dunckelmann
Bd. 51. 1975. 294 S. Tab. Kart. DM 28,—
ISBN 3-17-002260-1

Sozioökonomische Bestimmungsfaktoren der Stadtentwicklung
Von Hans Heuer
Bd. 50. 2. erg. Aufl. 1977. 506 S. Tab.
Kart. DM 38,—
ISBN 3-17-004216-5

Die Gemeindeordnungen und die Kreisordnungen in der Bundesrepublik Deutschland
Mit Einführung, Bibliographie, Register, Synopsen und ergänzenden Rechtsvorschriften
Bearb. von Gerd Schmidt-Eichstaedt,
Isabell Stade, Michael Borchmann
Bd. 47. Loseblatt-Ausg.
1. Lfg. 1975. 2. und 3. Lfg. 1976.
4. Lfg. 1978. 5. Lfg. 1979. 6. Lfg. 1980.
Ca. 900 S.
Incl. Ordner DM 98,—
ISBN 3-17-005885-1

Verlag W. Kohlhammer
Deutscher Gemeindeverlag

Stuttgart — Berlin — Köln — Mainz
Köln

Erneuerung innerstädtischer Problemgebiete
Ein Drei-Länder-Vergleich: Bundesrepublik Deutschland, Großbritannien, USA

Teil 1 **Selbsthilfe und Bürgerbeteiligung im Rahmen der Wohnraum- und Wohnumfeldverbesserung**
Von Werner Heinz
1980. 241 S., Abb., Tab. Kart. DM 25,–
ISBN 3-88118-069-9

Teil 2 **Flexible Finanzzuweisungen für die Stadterneuerung**
Von Sigmar Gude
1980. 97 S., Tab. Kart. DM 12,–
ISBN 3-88118-067-2

Teil 3 **Zur Integration ethnischer Minderheiten**
Von Ulla-Kristina Schuleri
1980. 84 S. Kart. DM 10,–
ISBN 3-88118-071-0

Teil 4 **Stadtentwicklungsberichte**
1980. 371 S. Abb. Tab. Kart. DM 30,–
ISBN 3-88118-072-9

Weitere Sonderveröffentlichungen

**Stadtverkehrsplanung
Teil 1: Mobilität**
Grunddaten zur Entwicklung des städtischen Personenverkehrs
Von Dieter Apel, Klaus Ernst
1980. 240 S., Abb., Tab. Kart. DM 20,–
ISBN 3-88118-064-8

Kommunale Beteiligungspolitik
Von Paul von Kodolitsch
1980. 164 S. Übers. Kart. DM 16,–
ISBN 3-88118-068-0

Die doppelte Bauflucht
Erhöhung der Baulandreserven, Minderung des Erschließungsaufwandes und Stadtgestaltung
Von Dieter Stromburg
1980. 193 S., Abb. Kart. DM 24,–
ISBN 3-88118-065-6

Rechtsfragen zur Kabelkommunikation
Bericht über die Sitzung des Kommunalwissenschaftlichen Arbeitskreises am 23. November 1979 in Köln
1980. 130 S., Abb. Kart. DM 16,–
ISBN 3-88118-061-3

Kommunaler Investitionsbedarf bis 1990
Grundlagen – Probleme – Perspektiven
1980. 232 S., Abb., Tab. Kart. DM 17,–
ISBN 3-88118-059-1

Organisation und Aufgaben kommunaler Wirtschaftsförderungsdienststellen und -gesellschaften
Ergebnisse zweier Umfragen
Von Bernd Wrobel
1979. 318 S., Tab. Kart. DM 25,–
ISBN 3-88118-058-3

● **Arbeitshilfen**

Räumliche Entwicklungsplanung
Arbeitshilfe 4
Teil 2: Auswertung
Heft 3: Wanderungen und Wohnungsmarkt
1980. 330 S., Abb., Tab., Karten. Kart.
DM 26,–
ISBN 3-88118-066-4

Kommunale Entwicklungsplanung: Mittelfristige Investitions- und Finanzplanung
Arbeitshilfe 3
1976. Ca. 930 S., Abb., Tab., Falttafeln
Im Ordner. DM 76,50
ISBN 3-88118-021-4

● **Dokumentationsserien**

Kommunalwissenschaftliche Dissertationen
ORL. Dokumentationsverbund zur Orts-, Regional- und Landesplanung
Bearbeitung: Klaus M. Rarisch, N. N.
Erscheint seit 1974 halbjährlich
Einzelband DM 35,–
Jahresabonnement DM 60,–
ISSN 0340-1170

Graue Literatur zur Orts-, Regional- und Landesplanung
Gutachten, Forschungs- und Planungsberichte
ORL. Dokumentationsverbund zur Orts-, Regional- und Landesplanung
Bearbeitung: Michael Bretschneider, Christel Fuchs
Erscheint seit 1975 vierteljährlich
Einzelband DM 35,–
Jahresabonnement DM 120,–
ISSN 0340-112X

Verlag und Vertrieb: Deutsches Institut für Urbanistik
Straße des 17. Juni 110 · 1000 Berlin 12 · Telefon (030) 39 10 31